高校转型发展系列教材

会计综合模拟实习

徐丽军　孙　莉　张佳悦　张　兴　崔国玲　编　著

清华大学出版社

北　京

内 容 简 介

"会计综合模拟实习"是会计、财务管理、审计等相关专业的实践实训课程。本课程旨在提高学生的职业岗位能力和职业综合能力，为今后从事本专业工作打下坚实的基础。

本书以实体企业为背景，紧密联系财务会计工作实际，对会计岗位角色进行任务分工，以岗位职业能力为标准，训练和提高学生的职业综合能力。本书使用仿真的原始单据、基于仿真的业务，理论知识与综合训练的融合程度高，实现学做一体，可全面提升学生会计核算与财务管理综合能力。

全书共分6章，第1章、第2章、第3章为会计综合模拟实习概述、会计基本专业技能操作及会计工作的组织与实施，重点介绍会计基本专业操作技能和会计工作组织流程；第4章为制造企业的综合模拟实习，重点介绍会计业务核算与报告；第5章为税款的申报与缴纳；第6章为会计档案的建立与保管。

本书既可以作为高等院校会计学专业、财务管理专业、审计专业学生的实训教材，也可作为会计从业人员的培训教材。

图书在版编目(CIP)数据

会计综合模拟实习 / 徐丽军等 编著. —北京：清华大学出版社，2018（2024.1重印）
(高校转型发展系列教材)
ISBN 978-7-302-49634-2

Ⅰ.①会… Ⅱ.①徐… Ⅲ.①会计学—高等学校—教材 Ⅳ.①F230

中国版本图书馆 CIP 数据核字(2018)第 031731 号

责任编辑：施　猛　马遥遥
封面设计：常雪影
版式设计：方加青
责任校对：孔祥峰
责任印制：杨　艳

出版发行：清华大学出版社
　　　　　网　　　址：https://www.tup.com.cn，https://www.wqxuetang.com
　　　　　地　　　址：北京清华大学学研大厦 A 座　　　　　邮　　　编：100084
　　　　　社 总 机：010-83470000　　　　　邮　　　购：010-62786544
　　　　　投稿与读者服务：010-62776969，c-service@tup.tsinghua.edu.cn
　　　　　质 量 反 馈：010-62772015，zhiliang@tup.tsinghua.edu.cn
印 装 者：天津鑫丰华印务有限公司
经　　销：全国新华书店
开　　本：185mm×260mm　　　印　　张：12.25　　　字　　数：283 千字
版　　次：2018 年 4 月第 1 版　　　印　　次：2024 年 1 月第 5 次印刷
定　　价：49.00 元

产品编号：069747-02

高校转型发展系列教材 | 编委会

前　言

　　"会计综合模拟实习"是会计、财务管理、审计等相关专业的实践实训课程。本课程旨在提高学生的职业岗位能力和职业综合能力，为毕业实习和就业做好充分准备。本课程要求学生掌握会计业务核算与报告、成本核算与控制、税费计算与申报、财务管理实务、会计电算化实务、会计工作组织流程与管理等专业领域知识，内容涵盖会计工作职业领域的各个方面，培养学生手工操作能力和在信息化环境下进行会计实务处理、纳税申报和财务分析的能力。在实训操作中，要注重对职业综合能力的培养，要对岗位工作任务进行合理计划、安排，增强团队协作意识，注重沟通、协调与表达。

　　本书的特点是以实体企业为背景，紧密联系财务会计工作实际，对会计岗位角色进行任务分工，以岗位职业能力为标准，训练和提高学生的职业综合能力。本书使用仿真的原始单据、基于仿真的业务，理论知识与综合训练融合程度高，实现学做一体，可全面提升学生会计核算与财务管理综合能力。

　　本书由徐丽军、孙莉、张佳悦、张兴、崔国玲编著，具体编写分工如下：徐丽军负责编写全书的大纲，对全稿进行总纂、审阅和修改，并编写第1章、第2章；孙莉负责编写第3章、第4章；张佳悦负责编写第5章、第6章；张兴、崔国玲负责全书的校稿和企业实习模块的电算化应用。

　　受时间和水平所限，书中难免存在不足和争议之处，恳请读者批评指正，以便改进和完善。反馈邮箱：wkservice@vip.163.com。

编者

2017年11月

目　录

第1章 会计综合模拟实习概述

1.1 会计综合模拟实习的目标及主要内容

"会计综合模拟实习"是一门旨在加深学生对会计理论知识的理解和提高学生动手能力的综合实训课程，是对专业各层级实训的一次综合训练。这门课程按照真实的业务与岗位要求设计应用实习案例，是学生完成课业学习走向社会前的一次综合演练。因此，会计综合模拟实习已成为连接会计理论和会计实践的重要"桥梁"，是财务管理、会计学等专业学生必经的一个综合实践性学习环节。在会计综合模拟实习中，通过模拟一个单位的业务全过程，学生可以在手工和电算化环境下，开展填审凭证、登记账簿、成本核算、编制会计报表以及财务分析等工作，可使学生对会计工作的全貌有清晰、直观的了解和掌握。学生通过扮演会计岗位的不同角色，按照会计核算的具体要求处理单位一定时期的业务事项并完成财务报表的编制，以此来巩固理论知识，熟悉会计的相关法规，提高实际操作能力。在会计综合模拟实习中，采用的方式主要是仿照单位的实际会计机构设置会计岗位，将学生分成若干组，每组模拟一个完整的会计机构并配置相应的人员，安排学生进入相应的岗位，定期轮岗，分工协作完成任务。在这个过程中，学生可对会计各个岗位的职责有较深刻的认识，仿真度高。既可以培养学生的动手能力，又能加深学生对会计基础理论和会计工作内在联系的深刻认识，为学生毕业实习做好理论和实践准备，并为学生毕业后迅速适应会计工作打下基础。

1.1.1 会计综合模拟实习的目标

通过会计综合模拟实习，可以使学生系统、全面地掌握会计核算的程序、方法，加深学生对会计理论的理解，提高学生对会计方法的运用能力，从而提升学生的会计综合应用能力。在这个过程中，学生可将会计专业知识和实际操作技能有机结合起来，准确地掌握原始凭证的收发填写与审核、记账凭证的填审、账簿登记以及财务报表的编制和分析，并能独立处理特殊与复杂的经济业务，为以后从事财务会计工作打下坚实基础。经过训练，不仅可以培养学生的实际动手能力，增加实务操作经验，同时也缩短了书本理论知识与实际工作的距离，使学生对实际财务会计工作有一个感性认识。在综合模拟实习中，我们也可以同时安排应用电算化来完成该项任务，适用的电算化软件可根据各高校的实际情况选用，这样可以使学生认识到传统手工环境和信息化条件下财务会计操作的异同，从而缩短学生上岗适应期，为胜任会计工作奠定扎实的基础。另外，由于财务会计岗位的多样性，我们还应该体现出专业人才的通用性特点,实现专业能力与通用能力并重。因此,应该在综合模拟实习中贯彻不同类岗位的共同要求。强调以学生为主体,明确树立以培养学生的实践应用能力和综合职业素质为导向的目标。

由于会计专业的特点和会计岗位的特殊性,目前顶岗的专业实习和毕业实习难度大,学生实践机会少,专业动手能力无法得到有效的训练。因此,校内的实训实习课程越来越成为培养财务会计专业实践能力的重要途径,这也体现了开展会计综合模拟实习的必要性与重要性。

会计综合模拟实习的目标具体包括以下几个。

(1) 通过会计综合模拟实习,掌握模拟实习单位的业务状况。

(2) 通过会计综合模拟实习,掌握模拟实习单位的主要经济业务流程。

(3) 通过会计综合模拟实习,掌握模拟实习单位财务会计部门的工作组织程序。

(4) 通过会计综合模拟实习,掌握模拟实习单位财务会计部门的会计业务处理流程。

(5) 通过会计综合模拟实习,掌握编报模拟实习单位的财务报表与财务分析报告的方法。

(6) 通过会计综合模拟实习,掌握模拟实习单位会计档案的整理与保管流程。

(7) 通过会计综合模拟实习,掌握模拟实习单位的税收业务与管理流程。

1.1.2 会计综合模拟实习的主要内容

"会计综合模拟实习课程"是基于出纳、制单、记账、成本、薪酬、会计主管等岗位的职业能力要求与会计工作程序确定的,设计的实习内容与职业能力对接。会计综合模拟实习的内容充分考虑了会计的专业性、职业性以及岗位的实践性,根据财务会计工作组织程序设计实习流程,并将手工业务处理和电算化相结合,依循学生的认知,模拟真实情景,灵活应用教学方法,旨在提升学生的职业专业综合能力。

会计综合模拟实习主要包括以下内容。

(1) 填审原始凭证。通过模拟经济业务的发生,填制和审核原始凭证。

(2) 填审记账凭证。根据审核无误的原始凭证,按所发生的经济业务填制审核记账凭证。

记账凭证的填制是会计工作的一个重要基础环节,这项工作直接影响账簿的登记工作。因此,要仔细谨慎,为下一步工作的开展打下良好的基础。另外,对于记账凭证的样式,我们可以选择通用式或分类式。

(3) 登记会计账簿。根据审核无误的原始凭证与记账凭证,登记账簿。

这项工作具体包括建账,编制科目汇总表,登记库存现金日记账、银行存款日记账、明细账以及总账。

(4) 结账。所谓结账,是在把一定时间内发生的全部经济业务登记入账的基础上,按照规定的方法结出每笔账的本期借方发生额、贷方发生额和期末发生额。

(5) 编制财务报表。根据账簿记录编制财务报表。

会计工作的最后一个环节是编制财务报表，要求编报出资产负债表、利润表、现金流量表、所有者权益变动表以及附注等。

(6) 整理归档会计档案。报表编制工作完成以后，对会计档案进行装订和归档。

(7) 熟悉企业税务流程。

1.2　会计综合模拟实习的教学组织与要求

■ 1.2.1　会计综合模拟实习的教学组织

会计综合模拟实习是在学生掌握基础的专业理论知识和技能的基础上，以某个模拟单位在一定时期内发生的经济业务为实习资料，采用原始凭证、记账凭证、会计账簿、财务报表及其他会计实习用具等仿真实习材料，训练学生在仿真环境中的实际操作能力和综合分析解决问题能力。为保障会计综合模拟实习顺利进行，学生能规范地完成规定任务，必须加强对会计综合模拟实习的管理。具体做法：成立实习指导小组，以系部的专业教研室为主导，配备实习指导教师、实验员等，并邀请实践部门的会计师予以指导；将5～7名学生分为一组，并按会计岗位分别设置会计主管、出纳、制单、记账、稽核、报表编制等岗位；实习小组组成后，由组长负责实习动员及实习过程的检查、监督，按组提交实习成果；最后由实习指导小组负责验收总结与成绩鉴定。

在会计综合模拟实习开始前，需要做好以下几项准备工作。

(1) 会计综合模拟实习动员。可以由指导教师传达实习方案，对学生进行分组，发放实习材料等用品。带领学生参观模拟实验(实训)室，了解和熟悉模拟企业的基本情况、组织机构、生产工艺流程、财务会计岗位设置和执行的相关会计准则制度等。

(2) 编制实习计划。会计综合模拟实习建议最低学时数为60学时。会计综合模拟实习计划(具体的实习各阶段的学时分配)应包括三个阶段：实习手工操作阶段(开设账户、审证、制证、登账、编表、分析、审计等)、实习上机操作阶段、实习总结阶段(总结、鉴定和成绩评定等)。具体包括以下内容：①实习动员；②启用账簿，开设总账、日记账和有关明细账账户，并登记期初余额；③根据该企业的经济业务审核填制(或自制)原始凭证，编制记账凭证，登记日记账和有关明细账，并登记总账；④成本核算；⑤在账实核对、账账核对并相符一致的基础上进行账项调整、损益结转及利润分配等，登记日记账和有关明细账，并登记总账；⑥结账；⑦编制该企业本年度资产负债表、利润表、所有者权益变动表和现金流量表；⑧整理凭证、账簿、报表后装订成册归档。

在实习中，应选用适用的财务软件，带领学生进行会计电算化实习，并检验手工模拟实习结果。要求学生在手工模拟的基础上，应用财务软件进行会计电算化模拟，完成从系统初始化设置、建立账套、编制记账凭证、登记会计账簿到生成财务报表全过程。

(3) 专业知识的准备。会计综合模拟实习的内容包括会计核算程序、账务处理方法、成本核算方法和财务报表的编制等，因此对学生的专业知识要求是应完成"基础会计""财务会计""成本会计"等课程。

(4) 实习材料的准备。相关材料包括原始凭证、记账凭证、记账凭证汇总表(科目汇总表)、库存现金日记账、银行存款日记账、总账、明细账(原材料明细账、应收账款明细账、库存商品明细账等)、记账凭证封皮、卷绳(装订器)、胶水、口讫纸、印章、记账笔(黑、红)等。

1.2.2　会计综合模拟实习的要求

在会计综合模拟实习中，应以《会计基础工作规范》为标准，以《企业会计准则》为依据，熟悉企业的业务操作流程，全面、系统地掌握从取得和填制审核会计凭证、登记会计账簿到编制财务报表等企业会计核算整个程序。会计核算操作完成后，应将凭证装订整齐，将账簿整理规范，并确保报表填列准确。会计综合模拟实习具体的要求如下所述。

(1) 掌握会计核算的组织程序。

(2) 熟练掌握原始凭证、记账凭证的核算填制方法。

(3) 熟悉账簿的启用和设置流程，掌握明细账、日记账、总分类账的建立程序。

(4) 理解不同账户及明细账页的性质和实际应用意义。

(5) 掌握总账和明细分类账平行登记的应用方法。

(6) 掌握各种不同性质的账户的结账、对账方法。

(7) 掌握财务报表的编制方法。

(8) 理解会计资料装订保管及归档的重要意义，掌握各种会计资料的装订方法和程序。

(9) 掌握实习总结报告的撰写方法。

(10) 会计综合模拟实习离不开信息化，因此要求学生熟练掌握在信息化环境下会计业务的处理方法。还应掌握财务软件的应用方法，包括日常业务的处理、期末转账、记账与结账和编制报表等。

1.3　会计综合模拟实习的注意事项

1.3.1　准备各类材料的注意事项

会计综合模拟实习所需材料种类较多，因此在课前需做好相应的材料准备。可将本门课程所需材料列好清单，并根据业务量，合理估算每一类账页、记账凭证、记账凭证汇总表、原始凭证粘贴页、凭证封面、包角纸、报表等材料所需数量。另外，还需准备好裁纸刀、卷绳(装订线)、直尺、胶水等用品。

1.3.2　账簿初始建账的注意事项

(1) 各实习小组需根据提供的材料，使用不同符号在科目汇总表中标出哪些科目用三栏式账簿、哪些科目用多栏式账簿、哪些科目用数量金额式账簿。

(2) 各实习小组的学生还需根据业务的需要，预留一定的空白页以备使用。例如，"管理费用"账簿往往使用多栏式，它涉及的业务笔数通常较多，因此必须多预留空白账页。再如，"应收"或"应付"类账簿的三栏式明细账中，其明细科目可能不确定，可以根据以往的具体情况，预留空白页。

(3) 将上一年度的各项余额结转到本年账页中。

1.3.3　原始凭证的审核及粘贴的注意事项

(1) 原始凭证的审核与粘贴是会计综合模拟实习中需重点强调的一个基本技能。在实际操作中，有些学生往往急于把所有原始凭证撕下集中一天粘贴处理完毕，这是完全错误的做法，指导教师一定注意予以纠正。

(2) 记账凭证必须依据原始凭证提供的信息来编制，因此可能会出现同一资料要编制多张记账凭证的情况，也可能会出现同一原始凭证要分别粘贴在与之相关的不同记账凭证中的情况。

1.3.4　填审记账凭证的注意事项

1. 准确填写记账凭证的日期

对于记账凭证的日期，一般填写填制记账凭证当天的日期，具体分为以下几种情况。

(1) 涉及现金收付的记账凭证，应填写现金收付当日的日期。

(2) 涉及银行收款的记账凭证，应填写银行回执戳记日期。

(3) 涉及银行付款业务的记账凭证，应填写开出银行付款凭证的日期或承付的日期。

(4) 对于不收不付业务，并且是由本单位自制的相关费用汇总和分配业务的记账凭证，应当填写该月的最后一天的日期。

2. 正确填写所附原始凭证的张数

记账凭证一般都附有原始凭证，并且要注明原始凭证的张数，具体分为以下几种情况。

(1) 非汇总类的原始凭证，按自然张数计算，有一张算一张。

(2) 汇总类的原始凭证，将每一张汇总原始凭证连同其所属的原始凭证一起算一张，这时可以将其所属的原始凭证张数填写在汇总原始凭证中。

(3) 多张记账凭证共用某一张或几张原始凭证时，需要将原始凭证附在其中一张记账凭证后面，并在该凭证的摘要栏内注明"本凭证与××凭证共用××附件"的字样，在其他相关记账凭证的摘要栏内注明"原始凭证附于××号记账凭证之后"的字样。

3. 整理记账凭证的附件

在实际工作中，记账凭证所附原始凭证的种类繁多、大小不一，为便于后续的装订与保管工作，需要对记账凭证所附的原始附件进行必要的加工。具体做法：以记账凭证的大小为标准，将大于记账凭证的附件折叠成与记账凭证一般大小，并注意折叠时要便于翻阅。如果不影响原始凭证内容的完整性，则可以裁掉其中的空白部分。最后将整理好的原始凭证粘贴在原始凭证粘贴单上，然后将粘贴单连同上面的附件粘贴在记账凭证后面。

▌1.3.5 账簿登记的注意事项

根据审核无误的记账凭证登记日记账、明细账、总账。总账可以根据记账凭证逐笔登记，或根据记账凭证汇总表(科目汇总表)汇总登记。同时登记明细账，并确保总账与各明细账之间账账相符，尤其注意账簿账页中的"过次页"与"承前页"的数据计算要准确。

1.4 会计综合模拟实习的考核与评价

会计综合模拟实习的考核与评价应贯穿整个实习过程，重点关注和考察学生的学习态度、职业素养、实际操作技能、账务处理技能、期末财务报表的编制能力等。在综合实习过程中，要采取定期轮岗制，按实习阶段进行轮岗，使每个学生都能熟悉不同会计岗位业务，对财务会计岗位有一个综合认知。考核评价可以由平时考核(含考勤)、专项考核、期末考核组成，评价过程中可以参考企业对财务会计业务处理的评价标准，这就需要指导教师具备相应的实务工作经验。在对学生的实际操作过程进行评价时，重点考核学生业务处理结果的合理性、准确性、熟练程度等，同时要加强对教学过程的监督与考核。学生完成全部业务处理任务后，自行完成实习考核表，由指导教师对整个过程中学生的学习态度、学习表现、技能、能力发展等进行综合评价，并及时反馈给学生，使学生清楚了解自己所存在的问题和改正的方法。

▌1.4.1 考核与评价的内容

1. 平时考核

平时考核以教师评价为主，以学生评价为辅，对岗位技能与知识的学习情况及时自评、互评，明确对该知识的学习程度，是学会、学懂还是学通，如实填写评价表。在教学过程中，教师应客观公正地对学生的学习效果做出评价。

平时考核标准由两部分组成：一是对各岗位技能的学习情况评分，主要体现在对职业能力的基本要求；二是对学生职业素养评分，主要体现为对学生的学习态度、遵守纪律、团队合作等方面的要求。在考核时，不仅对学生的专业学习成果进行评价，而且对学生在学习过程中表现出来的潜在能力和思想、道德、心理、素质等各方面进行评价。

2. 专项考核

专项考核主要考核学生对会计基础知识、书写质量和与本课程相关的专业基础和业务技能的学习情况，主要包括对基础会计、财务会计、成本会计、财务管理等科目的学习，资产负债表、利润表、现金流量表的编制，以及登记总账及明细账、登记期初余额、原始凭证的填写、票据和结算凭证的书写、记账凭证的编制、账簿登记、结账的编制等内容。

3. 期末考核

期末考核主要以学生提交的完整业务处理成果为依据，各学校也可根据自身所拥有的电算化软件进行业务处理。在期末考核中，学生应提交纸质版和电子版会计凭证、会计账簿、财务报表，并进行财务报表分析，提交财务分析报告。

▌1.4.2　考核与评价的方法

1. 考核方法

对会计综合模拟实习的考核包括三个方面，即课堂表现、实习报告、实习作业。

(1) 课堂表现的评定。指导教师主要通过学生的课堂表现考核其学习态度、操作的规范性和准确性、协作精神以及发现问题与解决问题的能力，并予以评价。

(2) 实习报告的评定。检查学生撰写的实习报告，根据实习报告考核学生对实习内容、实习程序的理解是否充分、全面。

(3) 实习作业的评定。实习作业主要包括会计凭证、会计账簿、财务报表等。准确、规范地填审会计凭证、登记会计账簿、编制财务报表能很好地体现学生完成会计综合模拟实习的质量。

这种考核方法注重对学生整个实习过程的考核，可以全面考查学生掌握知识的程度及应用能力、自学能力、独立发现问题与处理问题的能力等。

2. 评价标准

会计模拟综合实习成绩评定的具体标准如下所述。

(1) 优秀。态度认真，能理论联系实际，很好地运用所学知识，解决实习中的问题；熟练填审会计凭证，登记会计账簿，编制财务报表；在经济业务处理中，数据正确，对应关系清晰，操作规范，能全面完成各项操作事项；凭证、账簿、报表填写完全正确，书写工整。

(2) 良好。态度认真，能理论联系实际，较好地运用所学知识，解决实习中的问题；较为熟练地填审会计凭证，登记会计账簿，编制财务报表；在经济业务处理中，数据合理正确，对应关系清晰，操作规范，能全面完成各项操作事项；凭证、账簿、报表填写基本正确，书写工整。

(3) 中等。态度认真，能运用所学知识，填审会计凭证，登记会计账簿，编制财务报表；在处理会计经济业务方面，数据合理正确，对应关系清晰，比较规范，能完成各项操作事项；凭证、账簿、报表大部分正确，填写真实性方面未发现问题，书写较清楚。

(4) 及格。能运用所学知识，填审会计凭证，登记会计账簿，编制财务报表；处理的会计业务，数据基本正确，对应关系基本清晰、规范，能基本完成各项操作事项；凭证、账簿、报表大部分正确；填写真实性方面未发现问题，书写基本清楚。

(5) 不及格。凡有下列情况之一者，应评为不及格。

① 抄袭或代做。

② 对记账原理及核算程序不掌握。

③ 凭证、账簿、报表大部分不正确。

第2章　会计基本专业技能操作

2.1　会计书写规范

■ 2.1.1　阿拉伯数字

1. 阿拉伯数字的书写要求

(1) 每个数字的大小均匀，笔画流畅，独立有形，不能连写。

(2) 每个数字要紧贴底线书写，但上端不可顶格，数字高度均占全格的1/2～2/3，以便给错误数字的更正留出空间。数字高低要一致，但书写"6""7""9"这三个数字时应注意：书写数字"6"时，上端比其他数字高出1/4；书写数字"7""9"时，下端比其他数字伸出1/4。

(3) 倾斜45°～60°书写。数字的书写要有一定的倾斜度，向右倾斜45°～60°为宜。各个数字的倾斜度要保持一致，具体示例见图2-1。

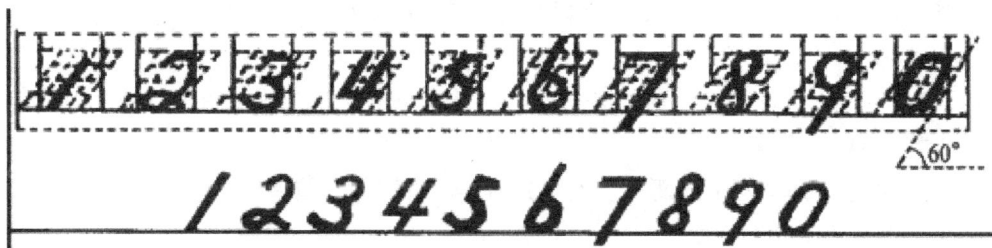

图2-1　数字书写示例

(4) 书写各个数字时，应注意书写笔画顺序为自上而下、从左至右。每个数字应大小一致，上下左右对齐，数字排列的空隙应保持等距。在印有数位线的凭证、账簿、报表上，每一格只能写一个数字，不得几个数字挤在一个格里或数字中间留有空格。

(5) 阿拉伯数字前写有币种符号的，数字后面就不再写货币单位。例如，人民币260元，正确书写为"¥260.00"，而"¥260.00元""人民币¥260.00元"都是错误的。阿拉伯数字前写有币种文字的，数字后面必须写货币单位。例如，人民币260元整(或正)，在"人民币"三个字前不可再写符号"¥"，但应在金额末尾加写"元"字。币种符号与数字间不能留有空格。

(6) 在填写会计凭证、登记会计账簿、编制财务报表时，数字必须按数位填写，金额要采用"0"占位到"分"为止，不能采用划线等方法代替。

2. 阿拉伯数字书写错误的更正方法

数字书写发生错误时，应采用划线更正法予以更正。划线更正法，又称红线更正法。在结账以前，如果发现账簿记录中有数字或文字错误，而记账凭证没有错，可用划线更正法更正。更正时，先在错误的数字或文字上划一条红线，表示注销，同时应保证原有字迹仍能辨认，之后在划线上方填写正确的数字或文字，并由更正人员在更正处盖章，以明确责任。应注意，更正时不得只划掉个别数字，错误的数字必须全部划掉，并保持原有数字清晰可辨。例如，将"6 346.00元"误记为"2 546.00元"，应先在"2 546.00"上划一条红线以示注销，然后在其上方空白处填写正确的数字"6 346.00"，而不能只将前两位数字更正为"63"。正确的更正方法见表2-1，错误的更正方法见表2-2。

2.1.2 中文大写数字

1. 中文大写数字的写法

中文大写数字要用正楷体或行书体书写，如壹、贰、叁、肆、伍、陆、柒、捌、玖、拾、佰、仟、万、亿、圆(元)、角、分、零、整(正)等，不得填写一、二、三、四、五、六、七、八、九、十、廿、毛、另(或0)。

2. 中文大写数字的书写要求

(1) 大写金额前若没有印刷货币币种全称，如"人民币"字样，书写时应在大写金额前冠以货币币种全称，如"人民币"字样。货币币种全称与首位数字之间以及各数字之间均不得留空格。

(2) 人民币以"元"为单位时，若为整数，计量单位"元"后无角无分的，则大写金额后加"整"(或正)字。

(3) 金额数字中间有两个或两个以上"0"时，只写一个"零"字。

3. 中文大写数字错误的更正方法

中文大写数字漏记或错记，必须重新填写凭证，不得涂改或使用划线更正法更正。

表2-1　数字书写错误时正确的更正方法

年		凭证		摘要	对方科目	类页	借方										支出										结余									
月	日	类别	编号				千	百	十	万	千	百	十	元	角	分	千	百	十	万	千	百	十	元	角	分	千	百	十	万	千	百	十	元	角	分
				承前页																																
				略							略										略											6	5	7	8	9
																																6	7	5	8	9
																											3	0	0	5	9	0	0	0	0
																											3	0	0	5	9	0	0	0	0
																													1	5	6	3	1	9	0
																												1	1	5	6	3	1	9	0
																															3	6	8	8	8
																															3	0	8	8	8
																															8	6	2	2	1
																															8	6	2	2	2

表2-2　数字书写错误的更正方法

年		凭证		摘要	对方科目	类页	借方										支出										结余									
月	日	类别	编号				千	百	十	万	千	百	十	元	角	分	千	百	十	万	千	百	十	元	角	分	千	百	十	万	千	百	十	元	角	分
				承前页																												6	5	7	8	9
																																6	7	~~5~~	8	9
				略							略										略							3	0	0	5	9	0	0	0	0
																											3	0	~~十~~	5	~~4~~0	0	0	0	0
																														1	5	6	3	1	9	0
																													~~十~~	1	5	6	3	1	9	0
																															8	3	6	3	8	8
																															8	3	~~3~~0	6	8	8
																																6	2	2	1	2
																																6	2	2	2	~~十~~

2.2　点钞与验钞

2.2.1　点钞

1. 手工点钞前的准备工作

点钞是指按照一定的方法查清票币的数额，它是一个连续、完整的工作过程，基本步骤为：起钞→拆把→持钞→点数→记数→扎把→盖章→整理。通过整理和清点钞票，可使进出钞票的数量和质量得到保证。这项工作是出纳岗位的重要工作内容。要做好这项工作，必须把各个环节的工作做好。

2. 点钞的基本要领

点钞时要做到：肌肉放松，钞券墩齐，开扇均匀，手指触面小，动作连贯，点数协调。

3. 点钞方法

1) 手持式点钞法

手持式点钞法是将钞券拿在手上进行清点的点钞方法。手持式点钞法一般分为手持式单指单张点钞法、手持式单指多张点钞法、手持式多指多张点钞法。

(1) 手持式单指单张点钞法。手持式单指单张点钞法是一种适用面较广的点钞方法。手持式单指单张点钞法的优点：持票人持票所占的票面较小，视线可及票面的四分之三，容易发现假票，挑剔残破币也较方便。

手持式单指单张点钞法的具体操作步骤：

① 拆把持钞；

② 清点；

③ 挑残破券；

④ 记数。

(2) 手持式单指多张点钞法。手持式单指多张点钞法是在手持式单指单张点钞法的基础上发展起来的。手持式单指多张点钞法除了清点和记数以外，其他步骤均与手持式单指单张点钞法相同。

(3) 手持式多指多张点钞法。具体的方法有手持式二指二张点钞法、手持式三指三张点钞法、手持式四指四张点钞法、手持式五指五张点钞法。

2) 手按式点钞法

手按式点钞法也是一种常用的点钞方法。具体操作方法：将钞票横放在桌面上，正对自己，用左手无名指、小拇指按住钞票的左上角，再用右手拇指托起部分钞票的右下角，右手食指捻动钞票，每捻动一张，左手拇指即往上推动送至左手食指、中指之间夹住，即完成一次点钞动作，依此连续操作即可。

3) 扇面点钞法

扇面点钞法适用于整点新券及复点工作。优点是效率高；缺点是不适用于整点新旧币混合的票券，不便挑残破券和鉴别假票。扇面点钞法可分为一指多张和多指多张点钞法。

除手工点钞外，实际工作中机器点钞也必不可少。需要注意的是，即便使用点钞机点钞，也绝不能代替手工点钞，手工点钞这个步骤不能缺少。

2.2.2 验钞

1. 假币的种类

假币是指伪造、变造的货币。

伪造的货币是指违反国家货币管理法规，仿照真币图案、形状、色彩等，采用各种手段制作的假币。

变造的货币是指在真币的基础上，利用挖补、揭层、涂改、拼凑、移位、重印等多种方法制作，改变真币原形态的假币。

2. 识别假币的基本方法

识别假币的基本方法可概括为"一看、二摸、三听、四测"。

"一看"，即看水印、看安全线、看光变油墨、看票面图案、看图案线条、看微缩文字。

"二摸"，即摸人像、盲文点、中国人民银行行名等处是否有凹凸感，摸纸币是否薄厚适中，挺括度是否良好。

"三听"，即通过抖动钞票使其发出声响，根据声音来分辨人民币的真伪。人民币所用纸张具有挺括、耐折、不易撕裂的特点。

"四测"，即借助简单的工具和专用的仪器来分辨人民币的真伪。例如，借助放大镜可以观察票面的线条清晰度、胶印、凹凸、缩微文字等；用紫外灯光照射票面，可以观察钞票纸张和油墨的荧光反应；用磁性检测仪可以检测黑色横号码的磁性。

2.3 会计核算操作流程

2.3.1 期初建账

会计账簿是由具有专门格式的若干账页所组成的簿籍。通过会计账簿，企业可以把分散在会计凭证上的大量核算资料进行集中和归类整理，以便为经营管理提供系统、完整的资料。

1. 建账的基本要求

企业的建账工作包括：确定账簿的种类，设计账页的格式和内容，选择账簿的登记方法等。各企业应根据经济业务的特点和管理要求设置会计账簿，账簿的设置既要便于使用，又要完整、精简，且会计账簿间要互相衔接、互为补充。

设置账簿主要有以下几项基本要求。

(1) 账簿的设置要满足经济管理的需要，能提供总括的和明细的数据资料。

(2) 账簿的设置既要相互独立，又要保持密切的联系，同时应尽力避免重复和遗漏。

(3) 账簿的格式应简单明了，便于登记、查找、核对和保管。

2. 建账的具体要求

1) 设置账簿的种类要求

设置会计账簿是各单位会计核算体系中的一个重要环节。各单位应依据《中华人民共和国会计法》《中华人民共和国税法》以及《会计基础工作规范》等相关法律制度的规定，结合本单位的实际管理工作需要设置会计账簿。各单位设置的会计账簿主要包括：订本式日记账、订本式总分类账、明细分类账(包括订本式、活页式、卡片式)和备查账。

2) 设置账簿的格式要求

(1) 日记账的格式要求。为了加强库存现金和银行存款的管理和核算，各单位通常应设置特种日记账，即库存现金日记账和银行存款日记账。有些企业也设置普通日记账。

特种日记账必须采用订本式账簿，其账页格式一般采用三栏式，在同一张账页上分别设置"收入"(借方)、"支出"(贷方)和"结余"三栏。为清晰地反映库存现金和银行存款收付业务的具体情况，在"摘要"栏后，一般还专门设置"对方科目"栏，用以登记对方会计科目名称。为了便于和银行对账，也便于反映银行存款收付所采用的结算方式，银行存款日记账还专门设置了"结算凭证种类和号数"栏。库存现金日记账的格式如表2-3所示，银行存款日记账的格式如表2-4所示。

表2-3　库存现金日记账

记账凭证			摘要	对方科目或编号	收入								支出								结余							
月	日	种类编号			十	万	千	百	十	元	角	分	十	万	千	百	十	元	角	分	十	万	千	百	十	元	角	分

表2-4　银行存款日记账

记账凭证			摘要	支票种类及号码	对方科目或编号	收入								支出								结余							
月	日	种类编号				十	万	千	百	十	元	角	分	十	万	千	百	十	元	角	分	十	万	千	百	十	元	角	分

为了在日记账中反映货币资金的收入来源和支出用途，可以采用多栏式的库存现金日记账和银行存款日记账格式，即"收入"栏(借方栏)按与库存现金和银行存款相对应的贷方科目设置专栏；"支出"栏(贷方栏)按与库存现金和银行存款相对应的借方科目设置专栏。如库存现金和银行存款的对应科目较多，为避免账页过宽，可分别设置"库存现金收入日记账""库存现金支出日记账""银行存款收入日记账"和"银行存款支出日记账"。多栏式日记账的格式如表2-5所示，多栏式收入日记账的格式如表2-6所示，多栏式支出日记账的格式如表2-7所示。

表2-5　库存现金(银行存款)日记账

年		凭证号		摘要	结算凭证		收入			支出			结余
月	日	种类	号数		种类	号数	应贷科目		合计	应借科目		合计	

表2-6　库存现金(银行存款)收入日记账

年		收款凭证号数	摘要	贷方科目		支出合计	结余
月	日				收入合计		

表2-7　库存现金(银行存款)支出日记账

年		付款凭证号数	摘要	结算凭证		借方科目			支出合计
月	日			种类	号数				

普通日记账的格式一般分为"借方金额"和"贷方金额"，登记每一个分录的借方账

户和贷方账户及金额，这种账簿不结余额，其格式如表2-8所示。

表2-8 普通日记账

年		摘要	账户名称	借方金额	贷方金额	记账
月	日					

普通日记账是根据日常发生的经济业务所取得的原始凭证，逐日逐笔按顺序登记的，把每一笔经济业务转化为会计分录登记普通日记账，然后转记列入分类账簿中。所以，普通日记账也称分录簿，它起到了记账凭证的作用。由于普通日记账只有一本日记账，不便于分工记账，目前我国企业很少采用。

(2) 总分类账的格式要求。总分类账是按照总分类账户分类登记全部经济业务的账簿。它一般是按照一级会计科目的编号顺序分设账户，并为每个账户预留若干账页。为了保证账簿资料的安全完整，总分类账簿应采用订本式账簿。由于总分类账只登记各账户金额的增减变化，所以总分类账的格式一般设置借方、贷方和余额三栏，如表2-9所示。

表2-9 总分类账

账户名称： 第 页

年		凭证编号	摘要	借方								贷方								借或贷	余额							
月	日			十	万	千	百	十	元	角	分	十	万	千	百	十	元	角	分		十	万	千	百	十	元	角	分

根据实际需要，在总分类账中的借、贷两栏内，也可增设对方科目栏，或采用多栏式总分类账的格式，如表2-10所示。

多栏式总分类账是把所有的总账科目合并设在一张账页上，可以清晰地反映经济业务的来龙去脉，可以进行全部会计科目的试算平衡。但是，如果一个单位使用的会计科目较多，栏目也会相应增多，这样会使账簿的篇幅较大，不便于使用和保管。因此，它一般适用于经济业务较少并且规模不大的单位。

表2-10　总分类账(多栏式)

年　月　日

会计科目	期初余额		本期发生额						期末余额	
			借方			贷方				
	借方	贷方	银行存款业务	现金业务	转账业务	银行存款业务	现金业务	转账业务	借方	贷方

(3) 明细分类账的格式要求。明细分类账是按照明细分类账户详细记录某项经济业务的账簿。它根据二级科目或明细科目开设,用来分类、连续记录有关资产、负债、所有者权益和收入、费用、利润等详细情况,为编制会计报表提供所需的详细资料。各单位在设置总分类账的基础上,还应根据管理的需要,按照总账科目设置若干必要的明细分类账,作为总分类账的必要补充。这样,既可根据总分类账了解某一账户的总括情况,又可根据明细分类账了解该账户更详细的情况。明细分类账一般采用活页式账簿,也有的采用卡片式账簿(如固定资产明细账,其格式见表2-11)。根据管理要求和各种明细分类账记录的经济内容,明细分类账可分为三栏式、数量金额式和多栏式三种格式。

表2-11　固定资产分类账

固定资产编号:　　　　　　使用部门:　　　　　　耐用年限:
固定资产名称:　　　　　　存放地点:　　　　　　残值:　%　元
固定资产规格:　　　　　　厂名型号:　　　　　　折旧率年:　%　月:　%
计量单位:　　　　　　　　使用日期:　　　　　　折旧额年:　　　月:

年		凭证编号	摘要	数量	单价	原价或重置价值			已使用年数	折旧			净值
月	日					借方	贷方	余额		借方	贷方	余额	

① 三栏式明细分类账。三栏式明细分类账页的格式与三栏式总分类账页的格式相同,即账页只设借方、贷方和余额三个金额栏,不设数量栏。这种格式用于登记只需反映金额的经济业务,一般适用于不需进行数量核算的债权、债务明细分类账户,如"应收账款""应付账款"等明细核算。三栏式明细分类账的格式如表2-12所示。

表2-12 三栏式明细分类账

明细科目： 共 页 第 页

年		凭证编号	摘要	借方								贷方								借或贷	余额							
月	日			十	万	千	百	十	元	角	分	十	万	千	百	十	元	角	分		十	万	千	百	十	元	角	分

② 数量金额式明细分类账。数量金额式明细分类账的账页，在收入(借方)、发出(贷方)和结存(余额)栏内分别设有数量、单价和金额三个小栏。这种账页格式适用于既要反映金额又要反映实物数量的经济业务，如"库存商品""原材料"等。数量金额式明细分类账的格式如表2-13所示。

表2-13 数量金额式明细分类账

账户名称： 编号( ) 第 页
类别： 库存物资编号：
品名或规格： 储备定额：
存放地点： 计量单位：

年		凭证编号	摘要	收入			发出			结存		
月	日			数量	单价	金额	数量	单价	金额	数量	单价	金额

③ 多栏式明细分类账。多栏式明细分类账是根据经济管理的需要，在一张账页上记录某一科目所属的明细科目的内容，按照总账科目的明细项目设专栏记录。这种账页格式适用于只记金额、不记数量的经济业务，如"制造费用""管理费用""营业收入"和"本年利润"等明细账。

a. 费用明细账。一般按借方设置多个栏目，当发生一笔或少数几笔贷方金额时，可在借方有关栏内用红字登记，表示从借方发生额中冲减。会计期末将借方净发生额从贷方结转到"本年利润"或其他账户中。多栏式费用明细账的格式如表2-14所示。

表2-14 明细分类账(借方多栏式)

账户名称：生产成本 编号( ) 第 页

年		凭证编号	摘要	借方					贷方	余额
月	日			材料费	人工费	制造费用	……	合计		
4	1		期初余额	1 000	1 000	500		2 500		2 500
4	21	转4	领用	20 000				20 000		22 500
4	31	转5	分配		10 000			10 000		32 500

(续表)

年		凭证编号	摘要	借方					贷方	余额
月	日			材料费	人工费	制造费用	……	合计		
4	31	转6	结转			8 000		8 000		40 500
4	31	转7	退回	5 000				5 000		35 500

b. 收入明细账。一般按贷方设置多个栏目,当发生一笔或少数几笔借方金额时,可在贷方有关栏内用红字登记,表示从贷方发生额中冲减。会计期末将贷方净发生额从借方结转到"本年利润"账户中。收入明细账的格式如表2-15所示。

表2-15　明细账(贷方多栏式)

账户名称:主营业务收入

年		凭证		摘要	借方	贷方			余额
月	日	字	号			商品销售收入	劳务收入	合 计	

c. 利润明细账。一般按借方和贷方分设多栏,即按利润构成项目设多个栏目。利润明细账的格式如表2-16所示。

表2-16　本年利润明细账

年		凭证		摘要	借方(项目)		贷方(项目)		借或贷	余额
月	日	字	号			合计		合计		

(4) 备查账的格式要求。备查账实际是各单位经济业务事项的一种备忘记录。设置备查账的目的和用途主要是反映和记载那些无法在以上账簿中记录的重要经济业务事项。它的装订形式一般不受限制,企业可自行设计账页格式。备查账的登记相对灵活,也可参照上述账簿的登记要求。

3. 启用账簿的要求

(1) 填写账簿封面和扉页。会计账簿是会计信息的载体,也是重要的会计档案。为了保证账簿记录的合法性,明确记账人员的责任,会计账簿应设置封面,在封面上应标明单位名称、账簿名称和所属会计年度。在账簿扉页上应附"账簿经管人员一览表"(参见表2-17)或"账簿启用表",其内容包括单位名称、账簿名称、账簿页数、启用日期、经管人员和会计主管人员姓名等,并加盖单位公章及经管人员名章。

表2-17　账簿经管人员一览表

单位名称						
账簿名称						
账簿页数	自第　页起至第　页止共　页					
启用日期	年　月　日					
单位领导人签章			会计主管人员签章			
经管人员职别	姓名	经管或接管日期	签章	移交日期		签章
		年　月　日		年　月　日		
		年　月　日		年　月　日		
		年　月　日		年　月　日		
		年　月　日		年　月　日		

　　启用订本式账簿，应从第一页到最后一页按顺序编号，不得跳页、缺号；启用活页式账簿，应按账页顺序编号，并需要定期装订成册。装订后按实际使用的账页顺序编定页数，标明目录，记录每个账户的名称和页次。

　　记账人员和会计主管人员调动工作时，应办理交接手续，在交接记录栏内填写交接日期和交接人员及监交人员的姓名(盖章)。

　　(2) 开设账户。首先，在账簿的第一页账页上方填写该账簿的第一个账户名称(一级科目、二级科目或明细科目)、计量单位、生产车间、仓储地点等。由于账页格式不同，这些栏目的具体内容也会有所不同。其次，在该账页的第一行"日期"栏中登记建账日期，在"摘要"栏中写"期初余额"或"上年结转"，并将其金额抄录至账页第一行的"余额"栏中；如果余额需注明方向，则还应在"借或贷"栏中注明其余额方向。至此第一个账户即开设完毕。例如，某企业应收账款账户2008年期末余额为200 000元，其中应收宁波远方化工原料厂150 000元，深圳宏达感光材料厂50 000元，则应收账款及其明细账2009年期初余额登记如表2-18、表2-19、表2-20所示。企业其余各账户的开设同上所述。

表2-18　总分类账

科目名称：应收账款　　　　　　　　　　　　　　　　　　　　　　第　页

2009年		凭证编号	摘要	借方								贷方								借或贷	余额							
月	日			十	万	千	百	十	元	角	分	十	万	千	百	十	元	角	分		十	万	千	百	十	元	角	分
1	1		期初余额																		2	0	0	0	0	0	0	0

表2-19 应收账款明细分类账

明细科目：宁波远方化工原料厂   共 页 第 页

2009年		凭证编号	摘要	借方								贷方								借或贷	余额							
月	日			十	万	千	百	十	元	角	分	十	万	千	百	十	元	角	分		十	万	千	百	十	元	角	分
1	1		期初余额																		1	5	0	0	0	0	0	0

表2-20 应收账款明细分类账

明细科目：深圳宏达感光材料厂   共 页 第 页

2009年		凭证编号	摘要	借方								贷方								借或贷	余额							
月	日			十	万	千	百	十	元	角	分	十	万	千	百	十	元	角	分		十	万	千	百	十	元	角	分
1	1		期初余额																			5	0	0	0	0	0	0

(3) 粘贴口讫纸。由于在某些账簿中要开设多个账户，这就需要在账簿中预留一定的账页。在会计实际工作中，会计人员为了便于找到某一账户在账簿中的位置，往往使用口讫纸作为账户与账户之间的分隔标志。口讫纸一般有红、蓝两种颜色。根据会计人员长期的工作习惯，通常用红色口讫纸表示资产、成本类账户，用蓝色口讫纸表示负债、所有者权益类账户；或用红色口讫纸表示收入类账户，用蓝色口讫纸表示费用类账户；或用红色口讫纸表示一级账户，用蓝色口讫纸表示二级账户等。需要注意的是，不能以口讫纸取代账页上方的账户名称。

(4) 填写账户目录。账户目录是由记账人员在账簿中开设账户后，按顺序将每个账户的名称和页数抄录下来形成的。如果是活页账，在账簿启用时无法确定各账户页数，则可先将账户名称填写好，待年终装订归档时，再填写页数。通常总账需要填写账户目录，明细账一般只在封面卡片上填写账簿中所开设账户的名称即可。账户目录如表2-21所示。

表2-21 账户目录(科目索引)

页数	科目	页数	科目	页数	科目	页数	科目

(5) 缴纳并粘贴印花税。按照我国税法规定，各单位用于经营活动的营业性账簿启用时，需向税务部门缴纳印花税。

2.3.2 原始凭证的填审

1. 原始凭证的概念及分类

原始凭证又称单据，是在经济业务发生或完成时取得或填制的，用以记录或证明经济业务的发生或完成情况的文字凭证。它不仅能用来记录经济业务发生或完成的情况，还可以明确经济责任，是开展会计核算工作的原始资料和重要依据，是会计资料中最具有法律效力的一种文件。工作令号、购销合同、购料申请单等不能证明经济业务发生或完成情况的各种单证不能作为原始凭证并据以记账。

原始凭证可分为以下几种类型。

1) 按照来源分类

(1) 外来原始凭证。它是指在与外单位发生经济往来事项时，从外单位取得的凭证。例如，发票，飞机和火车的票据，银行收付款通知单，企业购买商品、材料时从供货单位取得的发货票等。

(2) 自制原始凭证。它是指在经济业务事项发生或完成时，由本单位内部经办部门或人员填制的凭证。例如，收料单、领料单、开工单、成本计算单、出库单等。

2) 按照填制手续及内容分类

自制原始凭证按填制手续及内容的不同，可分为一次凭证、累计凭证、汇总原始凭证和记账编制凭证4类。

(1) 一次凭证。一次凭证是指只反映一项经济业务或同时记录若干项同类性质经济业务的原始凭证，其填制手续是一次完成的。例如，各种外来原始凭证都是一次凭证；企业有关部门领用材料的"领料单"，职工的"借款单"。还包括购进材料的"入库单"以及根据账簿记录和经济业务的需要而编制的记账凭证。例如，"材料费用分配表"等都是一次凭证。

(2) 累计凭证。累计凭证是指用以反映在一定时期内(一般以一月为限)连续发生的同类经济业务的自制原始凭证，其填制手续是随着经济业务事项的发生而分次进行的。例如，"限额领料单"是累计凭证。

(3) 汇总原始凭证。汇总原始凭证是指根据一定时期内反映相同经济业务的多张原始凭证汇总编制而成的自制原始凭证，以集中反映某项经济业务的总括发生情况。汇总原始凭证既可以简化会计核算工作，又便于进行经济业务的分析比较。例如，"工资汇总表""现金收入汇总表""发料凭证汇总表"等都是汇总原始凭证。

(4) 记账编制凭证。记账编制凭证是由会计人员根据一定时期内某一账户的记录结果，对某一特定事项进行归类、整理而编制的，以满足会计核算或经济管理的需要。

3) 按照格式分类

(1) 通用凭证。它是指由有关部门统一印制，在一定范围内使用的具有统一格式和使用方法的原始凭证。例如，全国通用的增值税发票、银行转账结算凭证等。

(2) 专用凭证。它是指由单位自行印制，仅在本单位内部使用的原始凭证。例如，收料单、领料单、工资费用分配单、折旧计算表等。

2. 原始凭证的内容

1) 原始凭证的基本内容

原始凭证因其反映的经济业务不同，而在名称、内容和格式上不尽相同。但无论是哪一种原始凭证，都应具备以下几项基本内容。

(1) 原始凭证名称。

(2) 填制凭证的日期和编号。

(3) 填制凭证的单位名称或者填制人姓名。

(4) 对外凭证要有接受凭证单位的名称。

(5) 经济业务所涉及的数量、计量单位、单价和金额。

(6) 经济业务的内容摘要。

(7) 经办业务部门或人员的签章。

2) 原始凭证的附加条件

原始凭证除应当具备上述内容外，还应当具备以下几项附加条件。

(1) 从外单位取得的原始凭证，应使用统一发票，发票上应印有税务专用章，且必须加盖填制单位的公章。

(2) 自制的原始凭证，必须要有经办单位负责人或者由单位负责人指定的人员签名或者盖章。

(3) 支付款项的原始凭证，必须要有收款单位和收款人的收款证明，不能仅以支付款项的有关凭证代替。

(4) 购买实物的原始凭证，必须有验收证明。

(5) 销售货物发生退口并退还货款时，必须以退货发票、退货验收证明和对方的收款收据作为原始凭证。

(6) 职工公出借款填制的借款凭证，必须附在记账凭证之后。

(7) 经上级有关部门批准的经济业务事项，应当将批准文件作为原始凭证的附件。

3. 原始凭证的填制要求

原始凭证记录的业务和数据是会计核算依据的原始资料，所以确保填制准确或取得原始凭证这个环节的工作正确至关重要。为了保证整个会计核算的真实、准确和及时，填制原始凭证应符合下列基本要求。

(1) 记录要真实。原始凭证所填列的经济业务内容和数字，必须真实可靠，即符合国家有关政策、法令、法规、制度的要求，符合有关经济业务的实际情况，不得弄虚作假，更不得伪造凭证。

(2) 内容要完整。原始凭证所要求填列的项目必须逐项填列齐全，不得遗漏和省略；必须符合手续完备的要求，经办业务的有关部门和人员要认真审核，签名盖章。

(3) 手续要完备。单位自制的原始凭证，必须有经办单位领导人或者其他指定人员的签名盖章；对外开出的原始凭证，必须加盖本单位公章；从外部取得的原始凭证，必须盖有填制单位的公章；从个人取得的原始凭证，必须有填制人员的签名盖章。

(4) 书写要清楚、规范。原始凭证要按规定填写，文字要简要，字迹要清楚，易于辨认，不得使用未经国务院公布的简化汉字。大小写金额必须相符且填写规范，小写金额用阿拉伯数字逐个书写，不得写连笔字。在金额前要填写人民币符号"¥"，人民币符号"¥"与阿拉伯数字之间不得留有空白。金额数字一律填写到角分，无角分的，写"00"或符号"一"；有角无分的，分位写"0"，不得用符号"一"。大写金额用汉字"壹、贰、叁、肆、伍、陆、柒、捌、玖、拾、佰、仟、万、亿、元、角、分、零、整"等，一律用正楷或行书体书写。大写金额前未印有"人民币"字样的，应加写"人民币"三个字，"人民币"字样和大写金额之间不得留有空白。大写金额到元或角为止的，后面要写"整"或"正"字；有分的，不写"整"或"正"字。例如，小写金额为"¥1 008.00"，大写金额应写成"壹仟零捌元整"。

(5) 连续编号。如果原始凭证已预先印定编号，在写坏作废时，应加盖"作废"戳记，妥善保管，不得撕毁。

(6) 不得涂改、刮擦、挖补。原始凭证有错误的，应当由出具单位重开或更正，更正处应当加盖出具单位印章。原始凭证金额有错误的，应当由出具单位重开，不得在原始凭证上更正。

(7) 填制要及时。各种原始凭证一定要及时填写，并按规定的程序及时送交会计机构、会计人员进行审核。

(8) 统一格式。一般情况下，诸如增值税专用发票之类的原始凭证是由税务机关统一印制和监制的，一般发票是由财政部门统一印制和监制的。

4. 原始凭证的审核

1) 审核要求

(1) 会计机构、会计人员必须审核原始凭证。

(2) 会计机构、会计人员审核原始凭证应按照国家统一的会计准则制度的规定进行。

(3) 会计机构、会计人员对不真实、不合法的原始凭证有权不予受理，并向单位负责人报告，请求查明原因，追究有关当事人的责任；对记载不准确、不完整的原始凭证有权予以退回，并要求经办人按照国家统一的会计制度规定进行更正、补充。

2) 审核内容

原始凭证载有的内容是会计信息的原始数据，经过会计确认，必须要经过严格的审核，以确保会计信息的准确。只有经过审核无误的原始凭证，才能作为编制记账凭证和登记账簿的依据。对原始凭证的审核，主要从以下几个方面进行。

(1) 审核原始凭证的合法性和真实性。审核所发生的经济业务是否符合国家有关规定，是否有违反财经制度的现象；原始凭证中所列的经济业务事项是否真实，有无弄虚作假的情况。如在审核原始凭证中发现有多计或少计收入、费用，擅自扩大开支范围，提高开支标准，巧立名目、虚报冒领，滥发奖金、津贴等违反财经制度和财经纪律的情况，不仅不能作为合法真实的原始凭证，而且要按规定进行处理。特别要注意：内容记载是否清晰，有无掩盖事实真相的现象；凭证抬头是不是本单位；数量、单价与金额是否相符；认真核对笔迹，有无模仿领导笔迹签字冒领现象；有无涂改，有无添加内容和改动金额；有无"移花接木"的凭证等。

(2) 审核原始凭证的合理性。审核所发生的经济业务是否符合厉行节约、反对浪费、有利于提高经济效益的原则，是否有违反该原则的现象。如经审核原始凭证确定有突击使用预算结余购买不需要的物品，对陈旧设备进行大修理等违反上述原则的情况，不能作为合理的原始凭证。

(3) 审核原始凭证的完整性。审核原始凭证是否具备基本内容，是否有应填未填或填写不清楚的现象。如经审核原始凭证确定有未填写接受凭证单位名称，无填证单位或制证人员签章，业务内容与附件不符等情况，不能作为内容完整的原始凭证。特别要注意：各个项目是否填写齐全，数字是否正确；名称、商品规格、计量单位、数量、单价、金额和填制日期的填写是否清晰，计算是否正确；对要求统一使用的发票，应检查是否存在伪造、挪用或用作废的发票代替等现象；凭证中应有的印章、签名是否齐全，审批手续是否健全等。

(4) 审核原始凭证的正确性。审核原始凭证在计算方面是否存在失误。如经审核凭证确定有业务内容摘要与数量、金额不相对应，业务所涉及的数量与单价的乘积与金额不符，金额合计错误等情况，不能作为正确的原始凭证。

对于审核后的原始凭证，如发现不符合上述要求，有错误或不完整之处，应当按照有关规定进行处理；如符合有关规定，则可以根据审核无误的原始凭证来编制记账凭证。

5. 原始凭证易出现的错误

原始凭证是会计核算依据的原始资料，如果原始凭证出现问题，将导致整个系统的错误，所以在填制原始凭证时一定要遵守相关规定。下面是实务中容易出现的几种错误。

(1) 原始凭证的抬头填写的不是本单位，或者抬头单位填写不正确。

(2) 金额的大小写不正确或者大小写金额不一致，数量书写错误。

(3) 收款单位没有签章。

(4) 出现错误时习惯用涂改液涂改。

2.3.3　记账凭证的填审

1. 记账凭证的概念及分类

记账凭证是会计人员根据审核无误的原始凭证按照经济业务事项的内容加以分类，并据以确定会计分录后所填制的会计凭证。它是登记账簿的直接依据。

记账凭证按其用途可以分为专用记账凭证和通用记账凭证。

1) 专用记账凭证

专用记账凭证是指分类反映经济业务的记账凭证。这种记账凭证按其反映经济业务的内容，又可以分为收款凭证、付款凭证和转账凭证。

(1) 收款凭证。收款凭证是指用于记录现金和银行存款收款业务的会计凭证，一般格式如表2-22所示。

表2-22　收款凭证

借方科目：银行存款(或库存现金)　　　　　年　月　日　　　　　　收字第　号

摘要	贷方科目		金额										记账
	总账科目	明细科目	千	百	十	万	千	百	十	元	角	分	
合 计 金 额													

附单据　张

会计主管人员：(签章)　　记账：(签章)　　制单：(签章)　　出纳：(签章)　　交款人：(签章)

(2) 付款凭证。付款凭证是指用于记录现金和银行存款付款业务的会计凭证，一般格式如表2-23所示。

表2-23　付款凭证

贷方科目：银行存款(或库存现金)　　　　　年　月　日　　　　　　付字第　号

摘要	借方科目		金额										记账
	总账科目	明细科目	千	百	十	万	千	百	十	元	角	分	
合 计 金 额													

附单据　张

会计主管人员：(签章)　　记账：(签章)　　制单：(签章)　　出纳：(签章)　　交款人：(签章)

(3) 转账凭证。转账凭证是指用于记录不涉及现金和银行存款业务的会计凭证，一般格式如表2-24所示。

表2-24　转账凭证

年　月　日　　　　　　转字第　号

摘要	会计科目		记账	借方金额	贷方金额
	一级科目	二级或明细科目			
合　计					

附单据　张

会计主管人员：(签章)　　记账：(签章)　　制单：(签章)　　出纳：(签章)　　交款人：(签章)

2) 通用记账凭证

通用记账凭证是指用来反映所有业务的记账凭证，见表2-25。

表2-25　记账凭证

年　月　日　　　　　　　　　　　　　　　第　　号

摘要	会计科目		借方金额	贷方金额	记账	
	一级科目	二级或明细科目				附单据　张
合　计						

会计主管人员:(签章)　　记账:(签章)　　制单:(签章)　　出纳:(签章)　　交款人:(签章)

(1) 记账凭证按其填制方式分类,可以分为单式记账凭证和复式记账凭证两类。

① 单式记账凭证。单式记账凭证是指每一张记账凭证只填列经济业务事项所涉及的一个会计科目及其金额的记账凭证。填列借方科目的称为借项凭证,填列贷方科目的称为贷项凭证。

② 复式记账凭证。复式记账凭证是指将每一笔经济业务事项所涉及的全部会计科目及其发生额均在同一张记账凭证中反映的一种凭证。

(2) 记账凭证按其包括的内容分类,可以分为单一记账凭证、汇总记账凭证和科目汇总表三类。

① 单一记账凭证。它是指只包括一笔会计分录的记账凭证。上述专用记账凭证和通用记账凭证,均为单一记账凭证。

② 汇总记账凭证。它是指对一定时期内的同类单一记账凭证加以汇总而重新编制的记账凭证。汇总记账凭证又可以分为汇总收款凭证、汇总付款凭证和汇总转账凭证。

③ 科目汇总表。它亦称记账凭证汇总表、账户汇总表,是指对一定时期内所有的记账凭证定期加以汇总而重新编制的记账凭证,其目的也是简化总分类账的登记手续,一般格式见表2-26。

表2-26　科目汇总表

年　月　　　　　　　　　　　　　第　　号

会计科目	总账页数	本期发生额		记账凭证起讫号码
		借方	贷方	

2. 记账凭证的基本内容

记账凭证必须具备以下几项基本内容。

(1) 记账凭证的名称及填制单位名称。

(2) 填制记账凭证的日期。

(3) 记账凭证的编号。

(4) 经济业务事项的内容摘要。

(5) 经济业务事项所涉及的会计科目及其记账方向。

(6) 记账标记。

(7) 所附原始凭证张数。

(8) 会计主管、记账、审核、出纳、制单等有关人员的签章。

3. 记账凭证的填制要求

1) 基本要求

记账凭证的填制除了要做到"记录真实，内容完整，手续齐全，书写规范，填制及时"外，还应该遵循以下填制要求。

(1) 选择凭证种类。企业等会计主体应根据原始凭证所记录的经济业务的性质，填制记账凭证。任何单位的记账凭证格式一经选定便不可随意变动，以便记账凭证编号、装订和保管。

(2) 凭证连续编号。记账凭证一般以"月"为单位按顺序编号。如果采用"收""付""转"3种记账凭证，可按收、付、转字3类编号或按现收字、现付字、银收字、银付字、转字5类编号；如果采用通用记账凭证，可按经济业务发生的先后顺序统一编号。对于一笔经济业务需填制两张或两张以上记账凭证的情况，可以按该项经济业务的记账凭证数量编列分数顺序号。例如，某项经济业务需填制两张记账凭证，凭证的顺序号为8，则这两张凭证的编号应分别为第8-1/2号、8-2/2号。

(3) 摘要简明扼要。在记账凭证摘要中填写的内容应是对经济业务的简要说明，必须根据原始凭证正确填写，不能在摘要中出现含糊不清的记载。由于摘要栏受字数限制，所以在填写摘要时，还要抓住经济业务的要点，文字表述必须简明扼要。

(4) 会计分录正确。会计人员应按照《企业会计准则——应用指南》规定的会计科目名称和内容，结合经济业务的特点使用会计科目，对一级科目、二级科目或明细科目要填写齐全，账户的对应关系要填写正确，金额的登记方向要填写正确，还要保证与原始凭证的金额或原始凭证汇总表的金额一致。

(5) 凭证标明附件。除结账和更正错误的记账凭证外，其他记账凭证都必须附有原始凭证，并在记账凭证的附单据栏内标明所附原始凭证的张数。有时一张原始凭证涉及几张记账凭证，可以将原始凭证附在一张主要的记账凭证后面，并在其他记账凭证上注明附有该原始凭证的记账凭证的编号或原始凭证复印件。

2) 特种凭证的填制要求

(1) 收款凭证的填制要求。收款凭证是根据库存现金和银行存款收款业务的原始凭证填制而成的。收款凭证左上角的"借方科目"按收款的性质填写"库存现金"或"银行存款"。日期填写的是编制本记账凭证时的日期。右上角填写凭证顺序编号。收款凭证的编号一般按"现收×号"和"银收×号"分类，收付业务量少的单位，也可不分"现收"

和"银收"，而按发生收款业务的先后顺序统一编号，每月从收字第1号编起。"贷方科目"填写与收入现金或银行存款相对应的会计科目。"金额"填写该项经济业务的发生额。"记账"是指该凭证已登记账簿的标记，如填写符号"√"表示已登记入账。"附单据　张"填写该记账凭证所附原始凭证的张数。凭证下方分别由有关人员签章，以明确经济责任。

(2) 付款凭证的填制要求。付款凭证是根据库存现金和银行存款付款业务的原始凭证填制而成的。付款凭证的填制方法与收款凭证的填制方法基本相同，只是左上角是"贷方科目"，凭证中间的"贷方科目"换成"借方科目"，"贷方科目"栏按付款性质填写"库存现金"或"银行存款"，"借方科目"栏内填写与"库存现金"或"银行存款"科目相对应的会计科目。对于涉及"现金"和"银行存款"的经济业务，为避免重复，一般只填制付款凭证，不填制收款凭证。

(3) 转账凭证的编制要求。转账凭证是根据有关转账业务的原始凭证或记账凭证填制而成的。转账凭证将经济业务中所涉及的全部会计科目，按先借后贷的顺序记入"一级科目"和"明细科目"栏，并按应借、应贷方向将所涉及金额分别记入"借方金额"或"贷方金额"栏。其他项目的填制与收款凭证、付款凭证相同。

4. 记账凭证的审核

记账凭证是登记账簿的直接依据。为了保证账簿登记的质量，在登记账簿之前，必须对记账凭证进行严格审核，审核的内容主要包括以下几方面。

(1) 记账凭证合规性的审核。记账凭证合规性的审核，就是审核记账凭证所确定的会计分录是否符合现行企业会计准则和制度的规定，审核记账凭证是否附有审核无误的原始凭证，所记录的内容、金额是否与所附原始凭证一致。

(2) 记账凭证完整性的审核。记账凭证完整性的审核，就是根据记账凭证所包含的基本内容，逐项审核记账凭证是否按规定填制完整，有关人员是否已经签章等。

(3) 记账凭证技术性的审核。记账凭证技术性的审核，就是要审核记账凭证中会计分录的编制是否正确，会计科目的选用是否准确无误，账户对应关系是否清晰，借方金额和贷方金额是否相等。

在审核中如果发现差错，应及时查明原因，予以重填或予以更正，并由更正人员在更正处签章。只有经过审核无误的记账凭证，才能据以记账。

▊ 2.3.4 登账

1. 日记账的登记

(1) 库存现金日记账的登记。库存现金日记账是用来核算和监督库存现金每天的收入、支出和结存情况的账簿。由出纳人员根据审核无误的库存现金收款凭证、库存现金付款凭证，逐日逐笔按顺序登记。具体的登记方法如下所述。

日期栏：根据库存现金的收款凭证和付款凭证的日期登记。

凭证号栏：根据收款凭证、付款凭证的种类和编号登记。其中，种类是指收款和付款凭证，在种类栏中填"现收、现付"等。

摘要栏：根据记账凭证中的摘要登记。

对方科目栏：根据记账凭证中的对方科目登记。

借方栏：登记库存现金收入的金额。根据库存现金收款凭证中所列金额填写。但对于从银行提现金的业务，只填制银行存款付款凭证，不再填制现金收款凭证。因此，对于从银行提取现金收入数，应根据银行存款付款凭证登记库存现金日记账的借方栏。

贷方栏：登记库存现金支出的金额。根据库存现金付款凭证中所列金额填写。

余额栏：登记库存现金的结余。每笔现金收入或支出后，都要及时计算余额，并将现金日记账的余额与实际库存现金核对相符。

(2) 银行存款日记账的登记。银行存款日记账是用来核算和监督银行存款每日的收入、支出和结余情况的账簿。银行存款日记账由出纳人员根据审核无误的银行存款收款凭证、银行存款付款凭证，逐日逐笔按顺序登记。具体的登记方法与现金日记账基本相同。"结算凭证"栏是根据结算凭证的种类和号数登记。其中，"种类"栏登记结算凭证的种类，如"现金支票""转账支票"等；"号数"栏登记结算凭证的号码，现金支票登记现金支票号码，转账支票登记转账支票号码，此种做法的目的是便于和银行核对。

为了在日记账中反映货币资金的收入来源和支出用途，可以采用多栏式的库存现金日记账和银行存款日记账格式，即收入栏(借方栏)按与库存现金和银行存款相对应的贷方科目设置专栏；支出栏(贷方栏)按与库存现金和银行存款相对应的借方科目设置专栏。如库存现金和银行存款的对应科目较多，为避免账页过宽，可分别设置"库存现金收入日记账""库存现金支出日记账""银行存款收入日记账"和"银行存款支出日记账"。

(3) 多栏式日记账的登记。一是由出纳员根据审核后的收款凭证、付款凭证逐日逐笔登记库存现金和银行存款的收入日记账和支出日记账，每日将支出日记账中当日支出合计数转入收入日记账中当日支出合计栏内，以结算当日账面结余额。会计人员应于月末根据多栏式库存现金日记账和银行存款日记账各专栏的合计数，分别登记有关总分类账户。二是另外设置库存现金与银行存款出纳登记簿，由出纳员根据审核后的收款凭证和付款凭证逐日逐笔进行登记，然后将收款凭证和付款凭证交由会计人员据以逐日汇总登记多栏式库存现金和银行存款日记账，并在月末根据日记账登记总账。

(4) 普通日记账的登记。普通日记账的格式一般分为"借方金额"和"贷方金额"，登记每一个分录的借方账户和贷方账户及金额，这种账簿不结余额。普通日记账是根据日常发生的经济业务所取得的原始凭证，逐日逐笔按顺序登记的，把每一笔经济业务转化为会计分录登记普通日记账，然后转记列入分类账簿中。所以，普通日记账也称分录簿，它起到了记账凭证的作用。由于普通日记账只有一本日记账，不便于分工记账，目前我国企业很少采用。

2. 总分类账的登记

总分类账可以根据各种记账凭证逐笔登记，也可根据汇总记账凭证或科目汇总表汇总登记，还可以根据多栏式库存现金日记账、银行存款日记账逐笔或定期登记。月末结出各账户的本期发生额和期末余额。

3. 明细分类账的登记

明细分类账的登记，通常可直接根据原始凭证、记账凭证逐日逐笔登记，也可根据汇总原始凭证定期汇总登记。固定资产、债权、债务等明细账应逐日逐笔或定期汇总登记；库存商品、原材料收发明细账以及收入、费用明细账可以逐笔登记，也可定期汇总登记。现金、银行存款账户由于已设置日记账，不必再设置明细账，其日记账实质也是一种明细账。

4. 账簿的登记规则

1) 账簿登记的基本规则

单位记账人员应当根据审核无误的会计凭证登记账簿，并应遵循以下规则。

(1) 登记账簿时，应将会计凭证日期、编号、经济业务内容摘要、金额等逐项记入账簿内。做到数字准确，内容清晰，"摘要"简明扼要。

(2) 必须按账户页次逐行登记，不得隔页、跳行。如无意造成隔页、跳行，应在空页、空行处用红色墨水笔划对角线注销，加盖"此页空白"或"此行空白"戳记，并由记账人员签章。

(3) 登记账簿要用蓝黑或黑色墨水书写，不得使用铅笔或规定以外的圆珠笔书写。但下列情况可以用红色墨水记账：按照红字冲账的记账凭证，冲销错误记录；在不设借贷等栏的多栏式账页中，登记减少数；在三栏式账户的余额栏前，如未印明余额的方向，在余额栏内登记负数余额；会计制度中规定应用红字登记的其他记录。

(4) 为了给错账更改时留有余地，账簿中文字、数字不能写满格，一般应占账格的1/2。

(5) 账簿登记完毕，应在记账凭证"记账"栏内注明已登记账簿的符号(如"√")，表示记账完毕，避免重记、漏记。

(6) 每一账页记录完毕，应在该账页最末一行加计发生额合计及余额，在该行"摘要"栏内注明"转次页"或"过次页"，并将这一金额记入下一页第一行有关金额栏内，在该行"摘要"栏内注明"承前页"以保持账簿记录的连续性。

(7) 需要结出余额的账户，结出余额后，应在"借或贷"栏内注明"借"或"贷"字样，以示余额的方向；对于没有余额的账户，应在此栏内写"平"字，在"余额"栏内写"0"。

(8) 账簿记录发生错误时，不得刮擦、挖补、涂改或用褪色药水更改，应根据错账的具体情况，按规定的方法进行更正。

2) 错账的更正方法

(1) 划线更正法。划线更正法，又称红线更正法。在结账以前，如果发现账簿记录中有数字或文字错误，而记账凭证没有错，可用划线更正法更正。更正时，先在错误的数字或文字上划一条红线，表示注销，同时应保证原有字迹仍能辨认，之后在划线上方填写正确的数字或文字，并由更正人员在更正处盖章，以明确责任。但应注意，更正时不得只划掉个别数字，错误的数字必须全部划掉，并保持原有数字清晰可辨。例如，将"5 246.00元"误记为"2 546.00元"，应先在"2 546.00"上划一条红线以示注销，然后在其上方空白处填写正确的数字，而不能只将前两位数字更正为"52"。

(2) 红字更正法。红字更正法，又称红字冲销法。红字更正法适用于以下两种情况：第一，记账以后，发现记账凭证中的应借、应贷会计科目有错误，从而引起记账错误。更正方法：先用红字填写一张与原错误的记账凭证完全相同的记账凭证，以示注销原记账凭证；然后用蓝字填写一张正确的记账凭证，并据以登记账簿。第二，记账以后发现记账凭证和账簿记录中应借、应贷的会计科目没有错误，只是所记金额大于应记金额。更正方法：将多记的金额用红字编制一张与原记账凭证应借、应贷科目完全相同的记账凭证，以示冲销多记的金额，并据以登记入账。

(3) 补充登记法。补充登记法，又称补充更正法。记账后发现记账凭证和账簿记录中应借、应贷会计科目无误，只是所记金额小于应记金额，应采用补充登记法进行更正。更正方法：将少记的金额用蓝字编制一张与原记账凭证完全相同的记账凭证，并据以登记入账。

2.3.5 对账

对账是指在有关经济业务已经登记入账以后，进行账簿核对。它是会计核算工作中的一项重要内容。

在会计工作中，由于各种原因，账簿记录难免会发生差错，也难免会出现账实不符的情况。为了保证账簿记录完整、准确，为编制财务报表提供真实、可靠的资料，在有关经济业务登记入账之后，必须要对账簿记录进行核对。对账分为日常核对和定期核对。日常核对是指会计人员在编制会计凭证时，对原始凭证和记账凭证的审核；在登记账簿时，对账簿记录与会计凭证的核对。定期核对是指在期末结账前，对会计凭证、账簿记录等进行核对。对账工作每年至少进行一次。

对账主要包括：账证核对、账账核对和账实核对。

1. 账证核对

账证核对是指账簿记录与会计凭证之间的核对。

财证核对包括：总分类账、明细分类账和日记账与原始凭证、记账凭证之间的相互核对。账证核对主要在平时编制记账凭证和记账过程中进行。在期末，如果发现有账账不符或账实不符等情况，仍应对账簿记录与会计凭证进行核对，以保证账证相符。

2. 财账核对

财账核对是指在账证核对的基础上，各种账簿之间的核对。

财账核对包括：各总分类账户期末借方余额合计数与期末贷方余额合计数核对相符；各总分类账户的期末余额与其所属的各明细分类账的期末余额之和核对相符；有关总分类账户期末余额与现金日记账、银行存款日记账期末余额核对相符；会计部门各种财产物资明细分类账户期末余额与财产物资保管和使用部门的有关财产物资明细分类账户期末余额核对相符。

3. 账实核对

账实核对是指在账账核对的基础上，将各种财产物资的账面余额与实存数额相核对。

账实核对包括：现金日记账的账面余额与实地盘点的库存现金实有数之间的核对；银行存款日记账的账面余额与各开户银行对账单之间的核对；各种财产物资明细分类账结存数与清查盘点后的实有数之间的核对；各种应收、应付款项明细分类账的账面余额与有关债权、债务单位或个人的账目之间的核对。

对账工作结束后，如果发现账实不符，还应填制"账存实存对比表"，确定财产物资的盘盈或盘亏的数额。"账存实存对比表"是分析财产物资的盘盈或盘亏的原因、明确经济责任的重要依据，也是调整账簿记录的原始依据。

■ 2.3.6 结账

结账是指在将本期发生的经济业务全部登记入账的基础上，结算出每个账户的本期发生额和期末余额。结账是一项将账簿记录定期结算清楚的财务工作。为了总括反映企业一定时期内的财务状况和经营成果，在每一个会计期末终了时，应对有关账户进行结账，以便根据账簿记录编制财务报表。

首先，在结账前，必须检查本期内发生的经济业务是否已全部登记入账，这是开展结账工作的前提。为了确保结账的正确，在本期发生的各项经济业务全部入账的基础上，按照权责发生制的原则调整和结转有关账项。对于本期内所有应计和预收收入及应计和预付费用，应编制记账凭证，并据以记入有关账簿，以调整账簿记录。其次，要计算各账户本期发生额和期末余额。在本期全部经济业务已登记入账的基础上，结算出库存现金日记账、银行存款日记账以及总分类账和明细分类账户的本期发生额和期末余额。

结账可分为月结、季结和年结三种。结账主要采用划线法，即期末结出每个账户的本期发生额和期末余额后，加上划线标记，并将期末余额结转至下期，具体做法如下所述。

1. 月结

月结应在月底办理。首先，在各账户本月份最后一笔记录下面划一通栏红线，表示本月结束。其次，在红线下结算出本月发生额和月末余额。若无余额，可在"余额"栏内注明"平"字或"0"。同时在"摘要"栏内注明"×月份发生额及余额"或"本月合计"字样。最后，在下面再划一通栏红线，表示完成月结。

2. 季结

季结应在季末办理。首先，在各账户本季度最后一个月的月结下面(需按月结出累计发生额的，应在"本季累计"下面)划一通栏红线，表示本季结束。其次，在红线下结算出本季发生额和季末余额，并在"摘要"栏内注明"第×季度发生额及余额"或"本季合计"字样。最后，在本摘要栏下面划一通栏红线，表示完成季结。

3. 年结

年结应在年终办理。首先，在12月份或第四季度的季结下面划一通栏红线，表示年度终了。其次，在红线下面结算填列全年12个月份的月结发生额或4个季度的季结发生额，并在"摘要"栏内注明"年度发生额及余额"或"本年合计"字样。在此基础上，将年初借(贷)方余额抄至"年度发生额"或"本年合计"下一行的借(贷)方栏内，并在"摘要"

栏内注明"年初余额"字样。同时，将年末借(贷)方余额抄至下一行的贷(借)方栏内，并在"摘要"栏内注明"结转下年"字样。最后，加计借贷双方合计数相等，并在"摘要"栏内注明"合计"字样，在合计数下划通栏双红线，表示完成年结。

2.3.7 编制财务报表

1. 财务报表的种类

财务报表是反映企业财务状况、经营成果和现金流量的结构性表述。主要包括资产负债表、利润表、现金流量表、所有者权益变动表以及附注。

资产负债表、利润表和现金流量表分别从不同的角度反映企业财务状况、经营成果和现金流量。资产负债表反映企业在某一特定日期所拥有的资产、需偿还的债务以及股东拥有的净资产情况；利润表反映企业在一定期间的经营成果，即盈利或亏损情况，表明企业运用所拥有资产的获利能力；现金流量表反映企业在一定期间的现金和现金等价物流入和流出的情况。

所有者权益变动表反映构成所有者权益的各组成部分当期的增减变动情况。企业的净利润及其分配情况是所有者权益变动的组成部分，相关信息已经在所有者权益变动表及其附注中反映，企业不需要再单独编制利润分配表。

附注是财务报告不可或缺的组成部分，是对资产负债表、利润表、现金流量表和所有者权益变动表等报告中列示项目的文字描述或明细资料，以及对未能在这些报表中列示的项目的说明等。

2. 财务报表的编制要求

1) 数字真实

根据客观性原则，会计核算应当以实际发生的经济业务为依据，如实反映企业的财务状况和经营成果。财务报告所提供的会计信息数字应具有可靠性，不应该是人为捏造的。财务报告中各项目的数字主要源于会计账簿，编制财务报告主要根据会计账簿上的记录。只有会计账簿记录的内容真实完整，才能保证财务报告数字的真实可靠。因此，在编制财务报告前，需要做好以下工作。

(1) 账证核对。账证核对是指在编制财务报告之前，应该将各账簿的记录与会计凭证核对，检查它们的内容、金额和记账方向是否一致。

(2) 按期结账。企业在编制财务报告之前，应该在财务会计报告条例规定的结账日内结账，结出会计账簿的发生额和余额，同时对有关会计账簿之间的余额进行核对，使账账核对相符。企业的财会人员应在结账前将本期内发生的所有经济业务全部登记入账，经过期末有关账项调整，并登记转账业务，在此基础上才能结清各个账户的本期发生额和期末余额，不能提前结账。

(3) 检查对会计制度的遵守情况。企业在期末编制财务报告前，应检查企业的会计核算是否执行了国家统一规定的会计制度；对于没有规定统一核算方法的有关会计事项，应检查其对会计核算一般原则的遵守情况以及相关业务的账务处理是否合理。

(4) 检查需要调整的本期和前期会计事项。企业在编制财务报告前，还应该检查会计核算是否存在差错，是否有会计政策变更情况，如果有，是否因此调整了前期或本期有关的会计事项。

(5) 账表核对。企业在编制完财务报告后，还必须认真核对账簿记录与会计报表数字是否相符，同时检查不同报表中的同一指标是否相符，做到账表核对相符，以保证财务报告数字的真实、可靠。

2) 内容完整

企业必须按照会计制度规定的财务报告的种类、格式和内容来编制财务报告，不得漏填、漏报。对不同会计期间应当编制的财务报告，都应该编报齐全。每份财务报告应填列的指标，无论是表内项目，还是附注资料，都要填列齐全。对于报表中需要特别说明的项目，为了使报表使用者容易理解和利用，应该在报表附注中简要说明。如果企业的对外投资达到被投资企业资本的一定比例，或者实质上拥有被投资企业的控制权，企业还应该编制合并财务报告。对于汇总财务报告，应按照项目汇总，不得遗漏，以提供完整的财务报告资料。

3) 计算准确

各种财务报告的编制依据主要是会计账簿，但是，报表上的数字并不是把账簿记录的数字完全照抄过来。在填列财务报告中某些项目的金额时，需要对会计账簿中记录的会计科目期末余额和本期发生额进行分析、计算和整理，所以，编制财务报告时必须采用正确的计算方法，以保证计算结果准确，从而确保财务报告数字准确。当然，对于一些不确定因素，例如，应收账款的收回比例、资产的跌价情况等，可利用谨慎性原则，在不确定因素存在的情况下做出合理的预计，既不高估资产和收益，也不压低费用和损失。

在确定计算准确程度时，一方面要考虑财务报告提供的资料能否最大限度地满足使用者的需要，另一方面还要考虑成本和效益原则。只有提供会计信息资料产生的效益高于其花费的成本时，才能保证计算准确又合理。

4) 编报及时

财务报告提供的资料讲求时效性，过时的会计信息已失去其应有的效用。所以，必须按照规定的时间、程序，及时编制和报送财务报告，使财务报告使用者可以及时了解编报单位的财务状况和经营成果，使有关部门及时进行汇总。因为财务报告的编制依据是会计账簿，所以，为了及时编制财务报告，要求财会部门组织好日常的会计核算工作，认真做好记账、算账、对账、结账和财产清查等编制财务报告前的各项准备工作，以便按照规定的时间编制并及时报送财务报告。通常情况下，年度财务报告应当于年度终了后60天内对外报送；季度财务报告应当于季度终了后15天内对外报送；月份财务报告应当于月份终了后6天内对外报送。

5) 指标可比

每一个会计期间内，企业都要编制多种财务报告，各报表中提供的有关经济指标，内容应该尽可能相同，计算方法应一致。这样可使企业不同时期的财务报告、同类型的不同企业在同一时期的有关财务报告具有可比性，从而便于报表使用者比较同一企业在不同时期和同类型的不同企业在同一时期的财务状况及经营成果，并做出正确决策。因此，要求任何企业，在任何时期，必须按照一致的方法对同类经济业务进行计量并在报表中填列，使企业在不同时期的报表指标和同类型企业之间的报表指标尽可能一致，相互可比。如果由于会计政策变更而影响报表项目，必须向使用者说明所采用的会计政策、政策的变更和变更的影响，以便使报表使用者能够判别同一企业在不同时期和不同企业在同一时期的财务状况及经营成果。

3. 财务报表的编制方法

1) 资产负债表的编制

资产负债表中的"年初数"栏内各项目的金额，根据上年末资产负债表的"期末数"栏内各项目的金额填写。资产负债表中的"期末数"栏内各项目的金额，根据期末资产类、负债类、所有者权益类等账户的期末余额填写。

从上述资产负债表具体项目的填列方法分析，可归纳出以下几种方法。

(1) 根据总分类账户余额直接填列。资产负债表中的很多项目都可根据总分类账户的余额直接填列。例如，"实收资本""资本公积""短期借款""应付职工薪酬""应交税费""应付股利"等项目。

(2) 根据总分类账户的余额分析计算填列。资产负债表中有些项目需要根据若干个总分类账户的期末余额计算填列。例如，"货币资金"项目应根据"库存现金""银行存款""其他货币资金"等账户期末借方余额合计数填列，"存货"项目应根据"原材料""材料采购""生产成本""库存商品"等账户余额的合计数填列。

(3) 根据明细账的余额分析计算填列。资产负债表中的有些项目需要根据若干明细账的余额分析计算填列。例如，"应收账款""预收账款""其他应收款""其他应付款""应付账款""预付账款"等项目。

(4) 根据总分类账的余额减去其备抵项目后的净额填列。例如，固定资产净值应根据"固定资产"账户的期末余额，减去"累计折旧"账户期末余额的净额填列。

(5) 根据明细账的余额填列。资产负债表中有些项目根据明细账的期末余额直接填列。例如，"待处理流动资产净损失""待处理固定资产净损失"项目应根据"待处理财产损溢"账户所属明细账"待处理流动资产损溢"和"待处理固定资产损溢"账户余额填列。

资产负债表的格式见表2-27。

表2-27　资产负债表(简表)

编制单位：　　　　　　　　　　年　月　日　　　　　　　　　　单位：元

资产	行次	年初数	期末数	负债和所有者权益	行次	年初数	期末数
流动资产				流动负债			
货币资金				短期借款			
交易性金融资产				应付账款			
应收账款				预收账款			
预付账款				应付职工薪酬			
其他应收款				应交税费			
存货				应付股利			

资产	行次	年初数	期末数	负债和所有者权益	行次	年初数	期末数
待处理流动资产净损失				其他应付款			
其他流动资产				其他流动负债			
流动资产合计				流动负债合计			
长期投资				非流动负债			
长期股权投资				长期借款			
持有至到期投资				其他非流动负债			
固定资产原价				非流动负债合计			
减：累计折旧							
固定资产净值				所有者权益			
无形资产				实收资本			
待处理固定资产净损失				盈余公积			
其他流动资产				未分配利润			
非流动资产合计				所有者权益合计			
资产总计				负债和所有者权益总计			

2) 利润表的编制

利润表通过一定的表格来反映企业的经营成果情况。由于不同的国家或地区对会计报表的信息要求不完全相同，利润表的结构、项目也不一样。主要有单步式和多步式两种，我国使用多步式利润表编报。

利润表中的"本年累计数"栏反映各项目自年初起至本月末止的累计实际发生数，应根据本月数与前期累计数填列。

利润表中的"本月数"栏反映各项目的本月实际发生数，应根据损益类账户的本期发生额填列。

利润表格式见表2-28。

表2-28　利润表(简表)

编制单位：　　　　　　　　　　　　　　　年　月　　　　　　　　　　　　单位：元

项　　目	行次	本月数	本年累计数
一、营业收入			
二、营业成本			
税金及附加			
销售费用			
管理费用			
财务费用			
资产减值损失			
加：公允价值变动净收益			
投资净收益			
三、营业利润			

(续表)

项　　目	行次	本月数	本年累计数
加：营业外收入			
减：营业外支出			
四、利润总额			
减：所得税费用			
五、净利润			
六、其他综合收益的税后净额			
七、综合收益总额			
八、每股收益			
(一)基本每股收益			
(二)稀释每股收益			

具体项目内容和填列方法："营业收入"项目，反映企业经营活动所取得的收入总额，应根据"主营业务收入"账户和"其他业务收入"账户的本期发生额的合计数填列。"营业成本"项目，反映企业经营活动发生的实际成本，应根据"主营业务成本"账户和"其他业务成本"账户的本期发生额的合计数填列。"税金及附加"项目，反映企业销售产品和提供劳务等经营业务所应负担的税金，应根据"税金及附加"账户的发生额填列。"销售费用"项目，反映企业在销售产品和提供劳务等经营过程中发生的各项销售费用，应根据"销售费用"账户的本期发生额填列。"管理费用"项目，反映企业发生的各项管理费用，应根据"管理费用"账户的本期发生额填列。"财务费用"项目，反映企业为筹集生产经营所需资金而发生的费用，应根据"财务费用"账户的本期发生额填列。"资产减值损失"项目，反映企业发生的各项减值损失，应根据"资产减值损失"账户的借方发生额直接填入利润表。"公允价值变动净收益"项目，反映企业公允价值发生变动导致的收益或者损失，应根据"公允价值变动净收益"账户的贷方发生额填列。"投资净收益"项目，反映企业以各种方式对外投资取得的收益。"营业利润"项目，反映企业进行经营活动所取得的利润。"营业外收入"项目，反映企业经营业务以外的收入，应根据"营业外收入"账户的本期发生额填列。"营业外支出"项目，反映企业经营业务以外的支出，应分别根据"营业外支出"账户的本期发生额填列。"利润总额"项目，反映企业实现的利润，如是亏损总额以"-"号填列，应根据公式"营业利润+营业外收入-营业外支出=利润总额"计算填列。"所得税费用"项目，反映企业实现利润后应负担的所得税，应根据"所得税费用"账户的本期发生额填列。"净利润"项目，反映企业实现的净利润，应根据公式"利润总额-所得税费用=净利润"计算填列。

3) 所有者权益变动表的编制

所有者权益变动表各项目均需填列"本年金额"和"上年金额"两栏。所有者权益变动表"上年金额"栏内各项数字，应根据上年度所有者权益变动表"本年金额"栏内所列数字填列。上年度所有者权益变动表规定的各个项目的名称和内容与本年度不一致的，应对上年度所有者权益变动表各项目的名称和数字按照本年度的规定进行调整，填入所有者权益变动表的"上年金额"栏内。所有者权益变动表"本年金额"栏内各项数字一般应根据"实收资本(或股本)""资本公积""盈余公积""利润分配""库存股""以前年度损益调整"科目的发生额分析填列。

4) 现金流量表的编制

具体包括以下4个方面。

(1) "经营活动产生的现金流量净额"。包括：销售商品、提供劳务收到的现金、税费返还、其他与经营活动有关的现金，购买商品、接受劳务支付的现金，支付给职工以及为职工支付的现金，支付的各项税费以及其他与经营活动有关的现金。

(2) "投资活动产生的现金流量净额"。包括：收回投资所收到的现金，取得投资收益所收到的现金，处置固定资产、无形资产和其他长期资产所收回的现金净额，收到的其他与投资活动有关的现金，投资所支付的现金，支付的其他与投资活动有关的现金(如投资未按期到位的罚款)。

(3) 确定补充资料中的"经营活动产生的现金流量净额"。包括：净利润，计提的资产减值准备，固定资产折旧，无形资产摊销，长期待摊费用摊销，待摊费用的减少(减：增加)，预提费用的增加(减：减少)，固定资产报废损失，财务费用，投资损失(减：收益)，递延税款贷项(减：借项)，存货的减少(减：增加)，经营性应收项目的减少(减：增加)，经营性应付项目的增加(减：减少)，其他。

(4) 汇率变动对现金的影响。

4. 财务报表的报送

企业的财务报表必须由企业领导、总会计师、会计主管人员和制表人员签名盖章后才能上报。单位负责人对会计报表的合法性、真实性负法律责任。应向哪些单位上报财务报告，这与各单位的隶属关系、经济管理和经济监督的需要有关。国有企业一般要向上级主管部门、开户银行、财政部门、税务机关和审计单位报送财务报告，同时应向投资者、债权人以及其他与企业有关的报表使用者提供财务报告。股份有限公司还应当向证券交易机构和证券管理委员会提供年度有关的财务报告。根据法律和国家有关规定必须对财务报告进行审计的单位应当先委托注册会计师进行审计，并将注册会计师出具的审计报告，随同财务会计报告按照规定期限报送有关部门。

第3章 会计工作的组织与实施

3.1 会计机构与会计岗位的设置

要做好会计工作，就必须建立专门的会计机构，配备专职的工作人员，并按照会计规范从事会计工作，这就是我们所说的会计工作组织。具体来讲，会计工作组织包括会计人员的配备及其职责权利的履行、会计机构的设置、会计法规的制定与执行以及会计档案的保管。科学地组织会计工作，对全面完成会计工作、充分发挥会计在经济管理中的作用具有重要意义。

3.1.1 会计机构的设置

会计机构是直接从事和组织领导会计工作的职能部门。建立和健全会计机构是做好会计工作的组织保证，是保证会计工作顺利进行、充分发挥会计职能作用的重要条件。

企业、事业、行政机关等单位都要设置从事会计工作的专职机构。在我国，由于会计工作和财务工作都是综合性经济管理工作，它们之间的关系非常密切，因此，通常把两者合并在一起，设置一个财务会计机构，统一办理财务会计业务。所以，会计机构通常是指财务会计部门。

《中华人民共和国会计法》明确规定："国务院财政部门主管全国的会计工作。县级以上地方各级人民政府的财政部门管理本行政区域内的会计工作。"我国财政部是负责管理全国会计工作的领导机构，下设会计事务管理司，主管全国的会计事务工作。主要职责：拟定并组织实施全国统一的会计法规、规章和制度；制定全国会计干部培训计划；管理全国会计人员技术职称评定工作；管理和监督注册会计师事务所工作；根据我国会计工作中出现的新情况、新问题，组织全国范围内的会计工作经验交流，不断提出改进和实施意见。

各级地方政府财政部门、各级业务主管部门一般设置会计处、科等机构，主管本地区、本系统所属单位的会计工作。主要职责：根据财政部的统一规定，制定适合本地区、本系统的会计规章制度；组织、领导和监督所属单位的会计工作；审核、分析、批复所属单位的财务会计报告，并编制本地区、本系统的汇总会计报表；了解和检查所属单位的会计工作情况；负责本地区、本系统会计人员的业务培训，以及会同有关部门评聘会计人员技术职称等。同时，各级业务主管部门在会计业务上要受同级财政部门的指导和监督。

为了保证会计工作顺利进行和充分发挥其作用，各企业、事业和行政机关等单位一般应单独设置会计机构。基层单位的会计机构，一般称为会计(财务)处、科、股、组等。在一些规模大、会计业务复杂而且业务量大的单位，在单位内部设置各级、各部门的会计组织。各单位的会计机构，在行政领导人的领导下开展会计工作。在设置总会计师的单位，其会计机构由总会计师直接领导，负责企业的具体财务会计工作，同时，也接受上级财务会计部门的指导和监督。

企业、事业、行政机关等单位是否设置会计机构，因各单位情况不同而异。在一些规模小、会计业务简单的单位，如果不单独设置会计机构就在有关机构中设置会计人员并指定会计主管人员。不具备条件的单位，还可以不设置会计机构、不配备会计人员，其会计业务委托经批准设立的从事会计代理记账业务的中介机构进行账务处理，以保证会计工作的正常进行。

会计机构作为一个综合性经济管理部门，与单位内部其他各职能部门、各生产经营业务单位具有十分密切的联系，既互相制约又互相补充。因此，会计机构要主动为各职能部门、各业务单位服务，并依靠各职能部门和业务单位共同做好会计工作，完成会计任务。

3.1.2　会计岗位的设置

会计机构的岗位责任制，又称会计人员岗位责任制，就是在会计机构内部按照会计工作的内容和会计人员的配备情况，将会计机构的工作划分为若干个岗位，使每个岗位都有专人负责，每位会计人员都能明确自己职责的一种责任制度。各企业、事业、行政机关等单位建立健全会计机构岗位责任制有利于加强会计管理，改进工作作风，提高工作效率，保证会计工作有序进行，加强会计人员的工作责任心和纪律性，促使会计人员不断提高业务水平。

实践证明，会计机构岗位的设置，能够使每一项会计工作都有专人负责，每一位会计人员都有明确的职责。各企业、事业、行政机关等单位建立会计机构岗位责任制，一要与本单位的经济责任制相联系，遵循以责定权、权责明确、严格考核、有奖有惩的原则。二要从本单位会计业务量和会计人员配备的实际情况出发，按照效益和精简的原则划分工作岗位。会计人员的工作岗位一般可分为：会计机构负责人或者会计主管人员、出纳、财产物资核算、工资核算、成本费用核算、财务成果核算、资金核算、往来结算、总账报表、稽核、档案管理等。这些岗位可以一人一岗、一人多岗或一岗多人，各单位可以根据自身特点确定。为贯彻内部牵制原则，出纳人员不得兼管稽核、会计档案保管和收入、费用、债权债务账目的登记工作。在较大规模的单位中，由于会计业务量大，会计人员较多，会计机构内部还可以按经济业务的类别划分岗位，设立若干职能组，如设立综合财务组、工资组、资金组、成本组、会计组等，分别负责各项业务工作，并按分管的业务明确职责要求。有些单位按经济业务和会计方法相结合的原则进行分工，如设立资金核算组、成本核算组、综合报表组、审核分析组和计划决策组等，以便充分发挥会计的职能作用。

各个岗位上的会计人员，既要认真履行本岗位职责，又要从单位全局出发，与其他岗位上的会计人员密切配合，互相协作，共同做好本单位的会计工作。实行会计人员岗位责任制，并不要求会计人员长期固定在某一个工作岗位上，会计人员的工作岗位应当有计划地进行轮换，以便会计人员能够比较全面地了解和熟悉各项会计工作，提高业务水平和办事效率，便于相互协作，做好会计工作。

3.2 会计人员的配备与会计人员工作的交接

会计人员是从事会计工作、处理会计业务、完成会计任务的人员。配备一定数量和素质相当、具备从业资格的会计人员，是各企业、事业、行政机关等单位做好会计工作的决定性因素。各企业、事业、行政机关等单位应根据其规模大小、业务繁简及会计机构岗位设置的要求，配置适量的会计人员。

3.2.1 会计人员的职责

根据《中华人民共和国会计法》的规定，会计人员的主要职责包括以下几方面。

1. 进行会计核算

会计人员要对实际发生的经济业务事项进行会计核算，填制会计凭证，登记会计账簿，编制财务会计报告。应做到手续完备、内容真实、数字准确、账目清楚、日清月结、按期报账，以满足国家实施宏观经济管理，企业加强内部经营管理，有关各方了解本单位财务状况、经营成果、现金流量情况的需要。

进行会计核算，连续、系统、全面地记录、计算、分析生产经营活动或者预算执行过程及其结果，定期编制并提供财务会计报告和其他一系列内部管理所需的会计资料，为经营决策和宏观经济管理提供依据，是会计人员最基本的职责，也是会计工作的核心和重点。

2. 实行会计监督

各企业、事业、行政机关等单位的会计机构、会计人员对本单位实行会计监督，就是通过会计工作，对本单位的各项经济业务和会计手续的合法性、合理性进行监督。具体包括：对不真实、不合法的原始凭证，不予受理。对伪造、变造、故意毁灭会计账簿或账外设账的行为应当制止和纠正。发现账簿记录与实物、款项不符的时候，应当按照有关规定进行处理；无权自行处理的，应当立即向本单位行政领导人报告，请求查明原因，做出处理。对指使、指令编造、篡改财务报告的行为，应当制止和纠正；制止和纠正无效的，应当向上级主管单位报告，请求处理。对财务收支进行监督，对违反单位内部会计管理制度的经济活动，应当制止和纠正；制止和纠正无效的，向单位领导人报告，请求处理。对单位制定的预算、财务计划、业务计划的执行情况进行监督。

此外，各单位必须接受审计机关、财政机关和税务机关依照法律和国家有关规定实施的监督，如实提供会计凭证、会计账簿、财务报告和其他会计资料以及说明有关情况，不得拒绝、隐匿、谎报。

3. 制定本单位办理会计事务的具体办法

国家制定的统一的会计法规只对会计工作管理和会计事务处理办法做出一般规定。会计人员要依据国家颁发的会计法规、制度以及准则等其他相关规定，结合本单位的具体情况，制定本单位办理会计事务的具体办法，包括会计人员岗位责任制度、内部牵制和稽核制度、财产清查制度和费用开支报销手续办法等。

4. 办理其他会计事务

随着社会经济的发展，社会分工越来越细，生产力水平不断提高，会计信息内容逐渐增加，人们对经济管理的要求也越来越高，作为经济管理重要组成部分的会计工作也就越来越重要，经济越发展，会计事务必然日趋丰富多样。因此，会计人员应不断提升从业水平，以适应职业需求。

3.2.2　会计人员的配备要求

会计机构负责人、会计主管人员的任免，应当符合《中华人民共和国会计法》和有关法律的规定。

会计机构负责人、会计主管人员应当具备下列基本条件。

(1) 坚持原则，廉洁奉公。

(2) 具有会计专业技术资格。

(3) 主管一个单位或者单位内一个重要方面的财务会计工作时间不少于2年。

(4) 熟悉国家财经法律、法规、规章和方针、政策，掌握本行业业务管理的有关知识。

(5) 有较强的组织能力。

(6) 身体状况能够适应本职工作的要求。

大、中型企业、事业单位、业务主管部门应当根据法律和国家有关规定设置总会计师。总会计师由具有会计师以上专业技术资格的人员担任。总会计师行使《总会计师条例》规定的职责、权限。会计师的任命(聘任)、免职(解聘)依照《总会计师条例》和有关法律的规定办理。

各单位应当根据会计业务需要配备持有会计证的会计人员。未取得会计证的人员，不得从事会计工作。会计人员应当具备必要的专业知识和专业技能，熟悉国家有关法律、法规、规章和国家统一会计制度，遵守职业道德。会计人员应当按照国家有关规定参加会计业务的培训。各单位应当合理安排会计人员的培训，保证会计人员每年有一定时间用于学习和参加培训。

国家机关、国有企业、事业单位任用会计人员应当实行回避制度。单位领导人的直系亲属不得担任本单位的会计机构负责人、会计主管人员。会计机构负责人、会计主管人员的直系亲属不得在本单位会计机构中担任出纳工作。需要回避的直系亲属为具有夫妻关系、直系血亲关系、三代以内旁系血亲以及配偶亲关系的人员。

3.2.3 会计人员工作的交接

会计人员工作调动或者因故离职，必须将本人所经管的会计工作全部移交给接替人员。没有办清交接手续的，不得调动或者离职。

接替人员应当认真接管移交工作，并继续办理移交的未了事项。会计人员办理移交手续前，必须及时做好以下工作。

(1) 已经受理的经济业务尚未填制会计凭证的，应当填制完毕。

(2) 尚未登记的账目，应当登记完毕，并在最后一笔余额后加盖经办人员印章。

(3) 整理应该移交的各项资料，对未了事项写出书面材料。

(4) 编制移交清册，列明应当移交的会计凭证、会计账簿、会计报表、印章、现金、有价证券、支票簿、发票、文件、其他会计资料和物品等内容。实行会计电算化的单位，从事该项工作的移交人员还应当在移交清册中列明会计软件及密码、会计软件数据磁盘(磁带等)及有关资料、实物等内容。

会计人员办理交接手续，必须有监交人负责监交。一般会计人员交接，由单位会计机构负责人、会计主管人员负责监交；会计机构负责人、会计主管人员交接，由单位领导人负责监交，必要时可由上级主管部门派人会同监交。

移交人员在办理移交时，要按移交清册逐项移交；接替人员要逐项核对点收。现金、有价证券要根据会计账簿有关记录进行点交，必须与会计账簿记录保持一致；不一致时，移交人员必须限期查清。会计凭证、会计账簿、会计报表和其他会计资料必须完整无缺；如有短缺，必须查清原因，并在移交清册中注明，由移交人员负责。银行存款账户余额要与银行对账单核对；如不一致，应当编制银行存款余额调节表调节至相符。各种财产物资和债权债务的明细账户余额要与总账有关账户余额核对相符；必要时，要抽查个别账户的余额，与实物核对相符，或者与往来单位、个人核对清楚。移交人员经管的票据、印章和其他实物等，必须交接清楚。移交人员从事会计电算化工作的，要对有关电子数据在实际操作状态下进行交接。

会计机构负责人、会计主管人员移交时，还必须将全部财务会计工作、重大财务收支和会计人员的情况等，向接替人员详细介绍。对需要移交的遗留问题，应当写出书面材料。

交接完毕，交接双方和监交人员要在移交清册上签名或者盖章，并应在移交清册上注明：单位名称，交接日期，交接双方和监交人员的职务、姓名，移交清册页数以及需要说明的问题和意见等。

移交清册一般应当填制一式三份，交接双方各执一份，存档一份。

接替人员应当继续使用移交的会计账簿，不得自行另立新账，以保持会计记录的连续性。会计人员临时离职或者因病不能工作且需要接替或者代理的，会计机构负责人、会计主管人员或者单位领导人必须指定有关人员接替或者代理，并办理交接手续。临时离职或者因病不能工作的会计人员恢复工作的，应当与接替或者代理人员办理交接手续。

单位撤销时，必须留有必要的会计人员，会同有关人员办理清理工作，编制决算。未移交前，不得离职。接收单位和移交日期由主管部门确定。

移交人员对所移交的会计凭证、会计账簿、会计报表和其他有关资料的合法性、真实性承担法律责任。

3.3   单位会计与财务管理制度的制定

单位会计与财务管理制度应依据《中华人民共和国会计法》《企业会计准则》，结合公司实际经营情况制定。对于制度中已制定的管理办法，单位人员应严格遵照执行。

3.3.1   相关岗位人员职责

会计应承担以下工作职责：按照会计核算规范要求设置总账、明细分类账，编制会计报表；统一管理会计核算软件；具体审核、处理会计凭证；具体承办涉税事务，审核资金收付凭证；按照税务机关的规定，开具销售发票；核算存货的入库、领用、退货，定期组织人员对相关仓库抽查盘点，审核库存物资动态报表；完成财务部经理临时布置的各项任务。

出纳应承担以下工作职责：负责银行、现金账目的登记与核对及日常备用金的提取，严格遵守现金限额保管制度，所需款项及时提取，超限额款项及时交存，及时清理银行未达账项；负责现金支票、转账支票、电汇、汇票等结算业务的办理及网上银行各类业务；有权对不符合本公司财务制度规定的货款支付及费用报销，拒绝办理支付手续，并向成本会计反映，必要时可向总经理反映；完成财务部经理临时布置的各项任务。

财务部门必须建立内部牵制制度，出纳员不得兼管稽核、会计档案保管，以及收入、费用、债权债务账目的登记工作。财会人员要认真执行岗位责任制，各尽其职，互相配合，如实反映和严格监督各项经济活动。记账、算账、报账必须做到手续完备、内容真实、数字准确、账目清楚、日清月结、按期报账。

财务会计人员在实际工作中必须坚持原则，照章办事。对于违反财经纪律和财务制度的事项，必须拒绝付款、拒绝报销或拒绝执行，并及时向主管领导报告。各级领导应当切实保障财务人员依法行使职权和履行职责，严禁任何人对坚持原则的财务人员进行打击报复。

财务会计人员调动工作或因故离职，必须与接替人员办理交接手续；没有办好交接手续的，一律不得离职，亦不得中断财务工作。公司一般财务人员的交接，由财务部门负责人执行监交；财务部门负责人的交接，由总经理执行监交。

▌3.3.2　资金管理制度

公司的资金管理纳入全面预算管理。公司日常资金管理，根据生产经营情况，通过编制月度资金计划、落实资金用款计划，加强对资金支付的日常控制。公司货币资金的日常管理由财务部门指定专职人员负责，按不相容职务相分离的原则确定岗位职责，制定内部稽核和控制制度，以确保货币资金的安全和完整。公司的货币资金管理，根据公司的实际情况明确现金的开支范围。公司对货币资金实行集中统一管理，公司货币资金的支付必须严格遵守中国人民银行总行发布的《中国人民银行结算办法》及其有关补充规定，遵守银行结算纪律和结算原则。根据公司商业票据结算管理办法的规定，指定专人管理票据，在日常进行票据核算时要按照《中华人民共和国票据法》(以下简称《票据法》)的规定进行严格审核，审核无误后才可以进行账户处理。公司按不同经济业务的性质制定货币资金支付的审批付款程序。会计人员对于款项的支付要严格按照操作程序的要求进行审核，并按公司规定的管理权限办理审批手续；未按规定办妥相关手续或手续不齐备的款项，经办人员有权拒绝支付。

▌3.3.3　库存现金管理制度

所有现金收支由公司出纳负责。建立和健全现金日记簿，出纳应根据审批无误的收支凭单逐笔按顺序登记现金流水收支科目，每天结出余额、核对库存，做到日清月结、账实相符。库存现金超过3 000元时必须存入银行。出纳收取现金时，须立即开具一式三联的收据，由缴款人在右下角签名后，交缴款人、业务部门、会计各留存一联。任何现金支出必须按相关程序报批。因出差或其他原因必须预支现金的，须填写借款单，经总经理签字批准，方可支出现金，借款人要在出差回来或借款后3天内向出纳还款或报销。收支单据办理完毕，出纳须在审核无误的收支凭单上签章，并在原始单据上加盖现金收、付讫章，防止重复报销。

公司现金的使用范围：①支付个人的劳动报酬；②支付各种劳保、福利费用及国家规定的对个人的其他支出；③出差人员必须随身携带的差旅费；④结算起点以下的零星支出(结算起点规定为2 000元)；⑤中国人民银行规定需要支付现金的其他支出；⑥结算起点以上的现金支出，但应报经财务部总经理审核批准。

库存现金限额规定：公司库存现金限额由财务部根据日常现金支出量的多少，结合公司的具体情况核定，并报开户银行批准。公司的库存现金限额一般为3~5天的支用量。

对于现金的核算和清查，公司现金出纳人员进行现金收付时，应根据会计人员填制的经主管人员审核的有效记账凭证(收、付款凭证)，对支付款项核对无误后，办理现金付款手续，并按规定登记现金日记账，做到日清月结、账款相符。会计人员与出纳人员应定期将总账的现金账户余额与现金日记账余额进行核对，做到账账相符。为了加强现金的日常管理，及时发现和防止现金收付差错，财务部负责人或指定的其他财务人员在每月终了后应会同出纳人员盘点库存现金一次，保证账账相符、账款相符。当出现诸如人员变动或其他异常情况时，应随时对库存现金进行盘点，如发现长短款应查明原因并及时处理。

为加强货币资金的管理，应建立出纳人员、专用印章保管人员、会计人员、稽核人员和货币资金清查人员的岗位责任制度，进一步建立和完善内部控制制度。

3.3.4 银行存款管理制度

1. 银行结算的范围、方式及结算的规定

(1) 公司在生产经营过程中发生的各项经济业务，除《中华人民共和国现金管理暂行条例》(以下简称《现金管理暂行条例》)规定可使用现金的情形外，一律按中国人民银行总行发布的《中国人民银行结算办法》及其补充规定，通过银行办理转账结算，不得直接支付现金或开具现金支票。

(2) 公司对资金实行集中统一管理，公司及其控股子公司应根据生产经营的需要开立银行结算账户。

(3) 根据《中国人民银行结算办法》和公司的业务特点，可采用银行汇票、支票、信用卡等结算方式。公司在办理银行结算时，必须严格遵守银行结算纪律和结算原则，不得出租、出借银行号，不得为外单位或个人代收代支或转账套现，不得签发空头支票和远期支票。对作废的转账支票等结算票据，应随原付款凭证一起装订，不得随意丢弃。

(4) 建立银行结算票据的签收、签发管理制度。会计人员收到外来银行结算票据时要按照《票据法》的规定，对结算票据的要素进行严格审核，审核无误后才可以填制和办理各类结算业务及相关的账户处理，以确保银行凭单及其结算票据完整有序地传递，并按照银行结算规定办理各类债权的委托手续。

2. 银行存款的核算及日常管理的规定

(1) 公司按开户银行、存款种类等，分别设置银行存款日记账。

(2) 出纳人员要按照审核无误的记账凭证及时登记银行日记账，每月终了结出银行存款余额。

(3) 月度终了，应将银行存款日记账余额与开户银行提供的银行余额对账单进行核对，如有未达账项必须逐笔查明原因，督促经办人员及时处理，并编制"银行存款余额调节表"，以确保账实相符。

(4) 转账支票等银行结算票据由出纳人员专人保管，银行印鉴章的保管必须按公司货币资金管理制度确定的内部牵制原则的要求严格分工，分别保管，出纳人员不得兼管。

(5) 公司员工因公出差暂借的备用金，必须在出差回本单位后5日内办理报销手续，不得以任何形式拖延报销或延期交回多余的备用金，将公款移作他用，特殊情况由单位领导同意并说明原因后报财务部批准。

3.3.5 往来账务管理制度

1. 应收账款管理

企业要根据经济业务的内容和户别设置应收账款明细分类账，即按债务人的具体名称设置登记明细分类账，不准笼统地以地名代替。应收账款的发生和确定必须有索取价款的凭据(包括合同、收款条、欠款条以及业务经办人员的保证书等)，不得单方入账。

财务部门要会同供应、销售部门建立健全销售商、供应商的客户档案。

对于各项债权、债务，要定期进行清理核对，每年最少进行一次发函或派员核对，每季末要编制账龄分析表，并上报有关领导。对发生的应收账款、其他应收款、预付账款等应收款项，按照谁经办、谁回收的原则，损失者或已采取各种必要措施确实无法收回的坏账损失，由当事人按责任赔偿相应损失后及时处理账务。

财务部门应加强对应收账款的核算和管理。每月终了，将已确认收款的收款单据全部处理完毕，确保总账、明细账相符，并及时办理对账，把拖欠的应收账款余额反馈给销售责任部门，督促经办人员及时催讨，加速货款回笼，避免发生损失。

支付预付账款必须有合同、协议书等书面文件，根据合同需预付账款时，须经办人签章，经领导批准后方可付款，并同时向财务部门提供合同协议书等有关材料。

2. 应付账款管理

业务款项由部门申请，经过审批后执行；印刷费、版面费等由部门经理签字，财务会计审核，总经理审批后执行；购置固定资产款项于固定资产验收入库后支付。

3.3.6 存货管理制度

存货是企业在生产经营过程中为销售或者耗用而储备的物资，包括包装物、低值易耗品、库存商品等。

存货入库时应填制入库单，出库时应填制出库单，其存货数量及金额要与财务核算相符。

存货应当定期盘点，每年至少盘点一次，盘点情况如与账面记录不符，应查明原因，经报批手续后及时进行会计处理，一般在年终结算前处理完毕。

3.3.7 出入库管理制度

1. 产品的购入

产品购入必须持有供应部门的购物申请单，经有关领导批准后方可到财务部门借款。严禁无计划采购、超定额库存。

供应商按购物申请单将所购产品送达企业后，须持总经理签批的采购单、购货发票、购销合同(协议)等到仓库部门办理入库手续。

仓库部门在将产品验收入库前，应详细核对发票所载名称、规格型号、数量、质量与实际是否相符，经检验合格后方可验收入库，填制产品入库单，并对无名牌的配件用口讫纸载明名称、规格、型号。

产品验收入库单一式三联，一联留存作为仓库部门的记账凭证，一联随发票及采购单等经总经理审批后送交财务部门处理账务，一联作为供货方证明。

对于货已到而发票未到的材料，仓库部门可以根据检验单据办理临时入库，做好入库材料台账登记工作。填制一式三联的估价入库单，仓库留存一联据以入账，一联送交财务部门处理账务，月初用红字入库单冲回估价入库，待发票到达时填制正式入库单。

2. 产品的出库

仓库部门根据盖有财务专用章的发货单或提货联发货，月末时，仓库人员将提货联汇总，于每月30日前到财务部门核对相符后据以存档。

销售部门根据销售计划和预算开具领货单，由销售员填制，作为归集成本费用的依据。领货单一式三联，销售部一联，财务一联，仓库一联。超出预算的用品由部门经理签批，月底统一报总经理审批。非生产性的用品由行政部提出申请，会计开票经总经理签批后，仓库方可发货。

仓库部门要做到见单付货，及时登记有关账簿，设立产品收、发、存明细账或暂收货台账，严禁白条顶库现象。

月末销售部和仓库管理员要做好产品盘点、登记工作，及时编制、报送盘点登记表，确保月末成本核算的真实性和准确性。

月末销售部根据产品领料单编制产品消耗汇总表，仓库部门编制产品出库汇总表，销售部、仓库部门与财务部门都要对账并确保核对相符。

3.3.8 固定资产管理制度

使用期限超过一年的房屋、机器、机械、运输工具以及其他与生产经营有关的主要设备、器具、工具等列作固定资产；不属于生产经营主要设备的物品，如单位价值在2 000元以上并且使用期限超过2年的，也应当列为固定资产。

各部门的固定资产统一由公司财务部核算，统一提取折旧，建立固定资产卡片。固定资产卡片一式两份，一份留实物管理部门，一份交财务部门。实物管理应保持账、卡、物三相符。

定期对固定资产进行清查，固定资产的清查盘点由公司设备处及其使用单位负责，财务、行政部门参与。

3.3.9 成本和费用管理制度

公司实行统一领导、分级管理的成本核算和管理体制。成本管理是公司全面预算管理体系的重要组成部分，根据公司的总体目标制定切实可行的目标成本指标，并纳入经济责任制体系进行分解、落实和考核。

企业应指定专职管理原始记录的机构和人员，统一规定各类原始记录的格式、内容、填写、审核、签署、传递、存档等要求，保证原始记录管理的规范化和标准化。

内部结算的方式，本着既满足往来结算的要求又简化手续的原则，选择在财务部门设立结算中心，主要负责企业内部各部门之间的往来结算，核算工作较简单。

各种内部结算价格，以每年修订一次为宜，但如客观情况发生较大变动，影响成本的准确性，可在企业领导下，由有关部门协作研究修订，经批准后施行。各单位不得擅自改变价格标准。

企业必须建立健全内部经济核算制，在企业统一计划、统一核算的前提下，建立企业各单位(成本中心)分级归口管理的经济核算网络，形成纵向为公司、部门、小组(个人)，横向为产品设计、物资供应、生产计划、经营销售及财务等有关职能部门的全面经济核算制。各核算单位都必须配备专职或兼职人员，明确分工职责，结合企业经济责任制和成本管理责任制考核，开展内部经济核算。

3.3.10 支票管理制度

(1) 支票的购买、填写和保存由出纳负责。

(2) 建立健全银行存款日记簿，出纳应根据审批无误的收支凭单，逐笔按顺序登记银行流水收支科目，并每天结出余额。

(3) 出纳收取支票时，须立即开具一式三联的收据，由缴款人在右下角签名后，交缴款人、缴款部门、会计各留一联。

(4) 使用支票时必须填写"支票领用单"，由经办人、部门经理、成本会计、总经理(计划外部分)签字后出纳方可开出。

(5) 所开出的支票必须封填收款单位名称。

(6) 所开支票必须由收取支票方在支票头上签收或盖章。

(7) 支票和公司印鉴分人妥善保管。

3.3.11 工资及相应级别报销管理制度

(1) 以出勤日计算每月应发工资。

(2) 按月发放工资，由公司财务部统一存入员工个人账户(遇节假日顺延)。

(3) 按照劳动合同的约定及公司的福利待遇制度，根据当月考勤统计情况及公司有关规定，由财务部门审核人事部门计算的工资，统一制定工资表，执行公司有关制度、规定。

(4) 工资单经部门经理、总经理签字方可发放。

(5) 由公司人力资源部统一制定并调整工资管理制度，经公司总经理批准后执行。

3.3.12 会计档案管理制度

(1) 企业要做好会计档案的管理工作，财务部门应于每月月末将有关会计凭证等会计档案装订成册，做好封面整理入档。

(2) 企业财务部门建立会计档案目录，严格办理档案调阅手续。

(3) 企业财务人员、保管员、统计员调动工作时必须办理会计档案移交手续，造具移交清单，分清前后责任，确保会计档案的连续完整。

(4) 会计档案的保管年限。具体规定为：会计凭证类15年，总账15年，明细账15年，现金和银行存款日记账25年，辅助账簿15年，固定资产卡片(清理报废后)5年；月、季度财务报告3年，年度财务报告(决算)永久；会计移交清册15年，会计档案保管清册永久。

3.3.13 税务制度

公司应根据国家税法规定按时缴纳各种税金，各单位税务执行的变动情况应及时向公司财务部报告。

3.4 会计核算组织程序的选择

会计核算组织程序又称为会计核算形式或账务处理程序，是指一个单位所采用的会计凭证、账簿、会计报表的种类、格式以及记账程序相互结合的方式。合理的、适用的会计核算组织程序对于保证会计核算工作质量，提高会计核算工作效率，规范各项会计核算的组织工作，节约人力、物力，充分发挥会计在经济管理中的应有作用，都具有重要的意义。

企业单位在设计适用的会计核算组织程序时，应遵循下列原则。

(1) 适合本单位的特点、规模大小的要求，并与分工记账相适应。

(2) 保证及时、正确地提供会计信息。

(3) 力求简化核算手续，节约时间，降低费用，提高会计核算工作效率。

目前，各企业单位采用的会计核算组织程序包括：记账凭证核算组织程序；科目汇总表核算组织程序；汇总记账凭证核算组织程序；日记总账核算组织程序。以上4种核算组织程序之间既有相同点，也有不同点，其根本区别就在于登记总账的依据和方法不同。

3.4.1 记账凭证核算组织程序

记账凭证核算组织程序是对发生的一切经济业务，都根据原始凭证或原始凭证汇总表编制记账凭证，据以登记总账的一种账务处理程序。记账凭证核算组织程序的主要特点是直接根据记账凭证逐笔登记总分类账，即不经过汇总，直接登记总分类账。

登记总账的直接依据是记账凭证，记账凭证账务处理程序便由此而得名。这是最基本的一种账务处理程序，其他核算组织程序都是在此基础上演变和发展起来的。

在记账凭证核算组织程序下，应分别设置"收款凭证""付款凭证"和"转账凭证"3种记账凭证，分别用以反映单位日常发生的各种收款、付款和转账经济业务；设置现金日记账和银行存款日记账，分别用来序时记录现金和银行存款的收支业务；设置一定种类的明细分类账，进行必要的明细分类核算；设置总分类账，进行总分类核算。

在记账凭证核算组织程序下，日记账、总分类账一般采用三栏式；明细分类账根据不同情况，分别采用三栏式、数量金额式和多栏式。

记账凭证核算组织程序的优点是程序简明，手续简便，容易掌握。由于这种形式根据记账凭证直接登记总账，省去编制记账凭证汇总表再登记总账的记账手续，对于一些不经常发生经济业务的会计科目，可以不设置明细账，只需在总账的会计科目摘要栏中，对经济业务加以说明即可。记账凭证核算组织程序的缺点是直接根据记账凭证登记总账，在业务量大时，登记总账的工作量较大。

记账凭证核算组织程序一般适用于规模较小、经济业务简单、数量较少、记账凭证不多的经济单位。

3.4.2　科目汇总表核算组织程序

科目汇总表核算组织程序，又称记账凭证汇总表账务处理程序，是指对发生的各种经济业务先定期根据记账凭证汇总编制科目汇总表，并根据科目汇总表登记总分类账的一种账务处理程序。它所需设置的各种凭证和账簿与记账凭证核算形式基本相同，不同点在于在科目汇总表账务处理程序下，除设置收款凭证、付款凭证、转账凭证3种记账凭证外，还应增设科目汇总表(也称记账凭证汇总表)。科目汇总表的编制方法：将一定时期内的全部记账凭证依据相关会计科目进行归类(可开设"T"形账户)，汇总计算出每一个会计科目的本期借方发生额和贷方发生额，并将其填入科目汇总表的相应栏内。科目汇总表的汇总时间，主要依据单位业务的多少而定。

科目汇总表核算组织程序的优点是根据科目汇总表登记总账，能大大减少总分类账的登记工作量；根据科目汇总表中各科目的借方发生额合计与贷方发生额合计之间的相等关系，可实现入账前的试算平衡。缺点是在科目汇总表和总分类账中，不能明确反映各账户间的对应关系，无法揭示资金变化的来龙去脉。

科目汇总表核算组织程序一般适用于经营规模较大、经济业务较多的大中型企业单位。

3.4.3　汇总记账凭证核算组织程序

汇总记账凭证核算组织程序是指对发生的经济业务，先根据原始凭证或原始凭证汇总表编制记账凭证，再根据记账凭证编制汇总记账凭证，然后根据汇总记账凭证登记总分类账的一种账务处理程序。

汇总记账凭证核算组织程序是在记账凭证账务处理程序的基础上发展起来的。汇总记账凭证账务处理程序的主要特点是定期根据收款凭证、付款凭证和转账凭证，按照会计账户的对应关系进行汇总，分别编制汇总收款凭证、汇总付款凭证、汇总转账凭证，再根据各种汇总凭证登记总分类账。由于登记总账的依据是汇总记账凭证，汇总记账凭证账务处理程序便由此而得名。

选择汇总记账凭证核算组织程序时，为便于汇总，可把记账凭证按经济业务的性质分为现金收款、现金付款、银行存款收款、银行存款付款、转账凭证5类：①现金收款业务和银行存款收款业务，分别按现金、银行存款科目的借方设置凭证，并按其对应科目(即贷方科目)进行汇总。②现金付款业务、银行存款付款业务，分别按现金、银行存款科目的借方设置凭证，并按对应的借方科目进行汇总。③所有转账业务，按每一个贷方科目来设置凭证并定期汇总。如果在汇总期内(5天或10天)某个贷方科目的转账凭证很少，也可一月编制一张汇总转账凭证。

汇总记账凭证核算组织程序的优点：一是汇总记账凭证能清晰地反映账户之间的对应关系，便于了解资金运动的来龙去脉；二是大大减少了总账的登记工作。缺点是定期编制汇总记账凭证的工作量较大，而且在汇总过程中是否存在错误也不易发现。

汇总记账凭证核算组织程序适用于规模大、经济业务较多的单位。

■ 3.4.4　日记总账核算组织程序

日记总账核算组织程序是设置日记总账，根据记账凭证逐笔登记日记总账的一种组织程序。日记总账既是日记账，要根据经济业务发生时间的先后顺序登记；又是总账，要将所有科目的总分类核算都集中在一张账页上。所以，日记总账属于一种联合账簿。

日记总账核算组织程序的优点是将日记账和分类账结合在一起，简化了记账手续，能清晰地反映账户对应关系。缺点是当会计科目较多时，会造成账页过大、栏次过多，不便于分工记账。

日记总账核算组织程序适用于规模小、业务少、使用会计科目少的单位。学习时，应注意日记总账的结构、用途和具体的登记方法。

3.5　会计职业道德与会计法律责任

会计职业道德是指在会计职业活动中应当遵循的、体现会计职业特征的、调整会计职业关系的职业行为准则和规范。《会计基础工作规范》专门对会计人员的职业道德做出了规定。

会计人员在会计工作中应当遵守职业道德，树立良好的职业品质、严谨的工作作风，严守工作纪律，努力提高工作效率和工作质量。

会计人员应当热爱本职工作，努力钻研业务，使自己的知识和技能适应所从事工作的要求。

会计人员应当熟悉财经法律、法规、规章和国家统一会计制度，并结合会计工作进行广泛宣传。

会计人员应当按照会计法规、法律和国家统一会计制度规定的程序和要求开展会计工作，保证所提供的会计信息合法、真实、准确、及时、完整。会计人员办理会计事务应当实事求是、客观公正。

会计人员应当熟悉本单位的生产经营和业务管理情况，运用掌握的会计信息和会计方法，为改善单位内部管理、提高经济效益服务。

会计人员应当保守本单位的商业秘密。除法律规定和单位领导人同意外，不能私自向外界提供或者泄露单位的会计信息。

财政部门、业务主管部门和各单位应当定期检查会计人员遵守职业道德的情况，并作为会计人员晋升、晋级、聘任专业职务、表彰奖励的重要考核依据。

会计人员违反职业道德的，由所在单位进行处罚；情节严重的，由会计证发证机关吊销其会计证。

第4章 综合模拟实习——制造企业

4.1 东方机床集团公司财务制度

第一条 根据《企业会计准则》、《企业财务通则》、东方机床集团公司章程及董事会决议制定本制度。

第二条 本制度是在遵循国家有关财务、会计准则的前提下，针对本公司的生产经营特点制定的，适合本公司发展需要的内部财务会计制度。

第三条 本公司的各部门、各位员工都应遵照执行。

第四条 本公司为独立核算的法人，设置总分类账一本，序时账两本(即库存现金日记账和银行存款日记账)，明细账若干本。

第五条 对于固定资产采用登记卡进行明细核算，同时设置固定资产明细账，记载各种固定资产的详细资料及变动情况。

第六条 对各种有价证券设置备查簿，登记有价证券的详细资料及变动情况。

第七条 在本公司供应、生产阶段，原材料采用实际成本核算，按材料类别和品种设置；原材料明细产成品按实际成本核算，按产品品种设置库存商品明细账。

第八条 "原材料"科目下设二级科目核算，按材料名称或产品品名设置。"周转材料"科目下设两个二级科目核算，即"包装物""低值易耗品"。

第九条 购入材料时，采购费用按原材料金额分配计入采购成本，支付的运费取得抵税发票联的，按7%计算进项税额进行抵扣。

第十条 材料、产成品等均按实际成本核算。

第十一条 材料、产成品的计价方法采用月末一次加权平均法。

第十二条 生产过程所用材料为一次性投入，当产品完工程度为50%时，采用约当产量法计算完工产品和在产品成本。

第十三条 经核定库存现金限额为3 000元。

第十四条 固定资产采用平均年限法分类计提折旧。

第十五条 周转材料原则上采用一次摊销法计入有关成本费用，对于单位价值较高、使用期限长的周转材料，也可采用分期摊销法摊销。

第十六条 各种金融资产和金融负债的溢价和折价摊销采用实际利率法进行核算。

第十七条 应付福利费用根据应付职工工资总额的14%提取，工会经费根据应付职工工资总额的2%提取。

第十八条 差旅费的账务处理。销售人员差旅费、办公费及业务招待费定额为3万元/

月，发生时计入销售费用。其他人员差旅费按财务制度规定报销，均计入管理费用。

第十九条　公司按应收账款余额的10%计提坏账准备。

第二十条　现金出纳制度。严格遵守《现金管理条例》和《银行结算制度》，对于库存现金、银行存款和其他货币资金由专职的出纳人员负责保管；由出纳人员按照经济业务发生的先后顺序登记库存现金日记账和银行存款日记账，做到日清月结；按月与开户银行核对银行存款收支账项，编制银行存款余额调节表。

第二十一条　结算制度。公司对外结算遵守国家有关结算制度和管理条例的规定；公司内部各部门之间的结算采用内部银行划转结算，年终一次结清内部往来款项。

第二十二条　费用报销制度。本公司一切报销单据均须做到一单三签字，即经手人、证明人、审批人签字。有明确标准的费用报销由财务科长签字即可，此外的一切费用均应由财务经理审批。

第二十三条　复核及内审制度。设专职复核员一人，对所有凭证的填制、记账、过账和报表编制的工作进行复核，并在复核后的单、账、表上签名或盖章。年末由监事会组织专人，对全年财务工作进行系统审计。

第二十四条　利润分配制度。本公司税后利润根据当年盈利情况和股东大会决议，按一定比例分配，对投资者的利润分配按出资比例计算。

第二十五条　本公司按本年盈利的10%提取法定盈余公积，按本年盈利的5%提取任意盈余公积。

本制度的修订权、解释权归公司财务部，本制度从发布之日起施行。

4.2　东方机床集团公司概况

1. 基本资料

名称：东方机床集团公司

纳税人识别号：210101701051101

地址：沈阳市望花大街26号

电话：024-31011789

开户银行：中国农业银行沈阳分行大东办事处

账号：430165121116

预留银行印鉴：

2. 财务岗位设置

财务主管：负责财务部门全面工作。

会计(根据岗位分工设置若干名)：负责审核原始凭证，编制记账凭证，审核记账凭证，登记总分类账、明细分类账及编制报表等具体工作。

出纳：负责现金及银行存款业务。

4.3　企业往来的有关资料

1. 应收账款

1) 沈阳大华工业有限公司

纳税人识别号：2101016015611265

地址：沈阳市浑南一路56号

开户银行：中国工商银行沈阳分行浑南办事处

账号：430236120068

2) 沈阳东辽工业有限公司

纳税人识别号：2101026112710236

地址：沈阳市道义大街116号

开户银行：中国建设银行沈阳分行沈北办事处

账号：430743611006

3) 大连振东机械有限公司

纳税人识别号：21021062271113602

地址：大连市高尔基路68号

开户银行：中国建设银行大连分行西岗区办事处

账号：430743610610

2. 应付账款

1) 沈阳华捷钢材有限公司

纳税人识别号：21018201312013062

地址：沈阳市昆山西路59号

开户银行：中国农业银行沈阳分行皇姑办事处

账号：430143020067

2) 山东创元工业有限公司

纳税人识别号：31025210132031620

地址：青岛市黄海路95号

开户银行：中国工商银行青岛分行黄海分理处

账号：430143213266

3) 沈阳中大有限公司

纳税人识别号：21013306300211072

地址：沈阳市联合路79号

开户银行：中国建设银行沈阳分行大东办事处

账号：430742071121

4.4 东方机床集团公司2015年12月初建账资料

1. 总分类账期初资料

科目代码	账户名称	期初余额	
		借方余额	贷方余额
1001	库存现金	2 000	
1002	银行存款	6 432 000	
1012	其他货币资金		
1101	交易性金融资产	20 000	
1121	应收票据	351 000	
1122	应收账款	864 000	
1123	预付账款	50 000	
1131	应收股利		
1132	应收利息	68 000	
1221	其他应收款		
1141	坏账准备		28 000
1402	在途物资		
1403	原材料	1 230 000	
1405	库存商品	1 000 000	
1411	周转材料	58 000	
1501	持有至到期投资	260 000	
1511	长期股权投资		
1601	固定资产	4 024 300	
1602	累计折旧		1 908 264
1603	固定资产减值准备		
1606	固定资产清理		
2001	短期借款		160 000
2201	应付票据		234 000
2202	应付账款		670 000
2203	预收账款		20 000
2211	应付职工薪酬		206 000
2221	应交税费		35 850

(续表)

科目代码	账户名称	期初余额	
		借方余额	贷方余额
2231	应付利息		7 200
2241	其他应付款		2 000
2501	长期借款		800 000
4001	股本		7 747 466
4002	资本公积		200 000
4101	盈余公积		
4103	本年利润		1 424 520
4104	利润分配		1 136 000
5001	生产成本	220 000	
合计		14 579 300	14 579 300

2. 明细分类账期初资料

科目代码	账户名称	期初余额	
		借方余额	贷方余额
1001	库存现金	2 000	
1002	银行存款	6 432 000	
1012	其他货币资金		
1101	交易性金融资产	20 000	
110101	债券投资(上海工业有限公司)	20 000	
1121	应收票据	351 000	
112101	沈阳东辽工业有限公司	234 000	
112102	沈阳大华工业有限公司	117 000	
1122	应收账款	864 000	
112201	沈阳大华工业有限公司	236 000	
112202	沈阳东辽工业有限公司	259 000	
112203	大连振东机械有限公司	369 000	
1123	预付账款	50 000	
112301	沈阳中大有限公司	50 000	
1131	应收股利		
1132	应收利息	68 000	
113201	债券投资(上海工业有限公司)	68 000	
1221	其他应收款		
1141	坏账准备		28 000
1402	在途物资		
1403	原材料	1 230 000	
140301	一级钢材	520 000	
140302	二级钢材	360 000	
140303	铸件	350 000	

（续表）

科目代码	账户名称	期初余额	
		借方余额	贷方余额
1405	库存商品	1 000 000	
140501	CW-1	640 000	
140502	CW-2	360 000	
1411	周转材料	58 000	
141101	包装物	30 000	
141102	低值易耗品	28 000	
1501	持有至到期投资	260 000	
1511	长期股权投资		
1601	固定资产	4 024 300	
160101	厂房建筑物	1 586 500	
160102	办公楼	1 267 800	
160103	铣床	360 000	
160104	钻床	280 000	
160105	刨床	200 000	
160106	皮卡	180 000	
160107	轿车	150 000	
1602	累计折旧		1 908 264
160201	厂房建筑物		761 520
160202	办公楼		608 544
160203	铣床		172 800
160204	钻床		134 400
160205	刨床		96 000
160206	皮卡		90 000
160207	轿车		45 000
1603	固定资产减值准备		
1606	固定资产清理		
2001	短期借款		160 000
2201	应付票据		234 000
220101	山东创元工业有限公司		234 000
2202	应付账款		670 000
220201	沈阳华捷钢材有限公司		117 000
220202	山东创元工业有限公司		321 000
220203	沈阳中大有限公司		232 000
2203	预收账款		20 000
220301	沈阳东辽工业有限公司		20 000
2211	应付职工薪酬		206 000
2221	应交税费		35 850
222101	应交增值税		35 850
2231	应付利息		7 200

(续表)

科目代码	账户名称	期初余额 借方余额	期初余额 贷方余额
2241	其他应付款		2 000
2501	长期借款		800 000
4001	股本		8 747 466
400101	国家资本金		5 286 014
400102	沈阳华兴机床厂		3 461 452
4002	资本公积		200 000
4101	盈余公积		
4103	本年利润		1 424 520
4104	利润分配		1 136 000
410401	提取法定盈余公积		
410402	提取任意盈余公积		
410403	未分配利润		1 136 000
5001	生产成本	220 000	
500101	基本生产成本	220 000	

应收票据明细账

科目代码	单位名称	金额
112101	沈阳东辽工业有限公司	234 000
112102	沈阳大华工业有限公司	117 000
合计		351 000

应收账款明细账

科目代码	单位名称	金额
112201	沈阳大华工业有限公司	236 000
112202	沈阳东辽工业有限公司	259 000
112203	大连振东机械有限公司	369 000
合计		864 000

原材料明细账

科目代码	账户名称	期初余额 数量	期初余额 单价	期初余额 金额
140301	一级钢材	20 000	26	520 000
140302	二级钢材	15 000	24	360 000
140303	铸件	10 000	35	350 000
合计				1 230 000

库存商品明细账

项目	单位	数量	单价	金额
CW-1	台	32	20 000	640 000
CW-2	台	30	12 000	360 000
合计				1 000 000

周转材料明细账

科目代码	账户名称	种类	期初余额		
			数量	单价	金额
141101	包装物	包装箱	100	300	30 000
141102	低值易耗品	工具	100	280	28 000
合计					58 000

固定资产明细账

科目代码	名称	原值
160101	厂房建筑物	1 586 500
160102	办公楼	1 267 800
160103	铣床	360 000
160104	钻床	280 000
160105	刨床	200 000
160106	皮卡	180 000
160107	轿车	150 000
合计		4 024 300

累计折旧明细账

科目代码	名称	原值
160201	厂房建筑物	761 520
160202	办公楼	608 544
160203	铣床	172 800
160204	钻床	134 400
160205	刨床	96 000
160206	皮卡	90 000
160207	轿车	45 000
合计		1 908 264

应付账款明细账

科目代码	单位名称	金额
220201	沈阳华捷钢材有限公司	117 000
220202	山东创元工业有限公司	321 000
220203	沈阳中大有限公司	232 000
合计		670 000

生产成本明细账

项目	直接材料	直接人工	制造费用	合计
CW-1	84 000	24 000	32 000	140 000
CW-2	44 000	14 000	22 000	80 000
合计	128 000	38 000	54 000	220 000

3. 固定资产相关资料

(1) 厂房建筑物，原值1 586 500元，1995年11月购入，预计净残值率4%，预计使用40年。

(2) 办公楼，原值1 267 800元，1995年11月购入，预计净残值率4%，预计使用40年。

(3) 铣床，原值360 000元，2005年11月购入，预计净残值率4%，预计使用20年。

(4) 车床，原值280 000元，2005年11月购入，预计净残值率4%，预计使用20年。

(5) 刨床，原值200 000元，2005年11月购入，预计净残值率4%，预计使用20年。

(6) 皮卡汽车，原值180 000元，2010年11月购入，无残值，预计使用10年；轿车，原值150 000元，2012年11月购入，无残值，预计使用10年。

4.5   东方机床集团公司2015年12月发生的经济业务

东方机床集团公司2015年12月发生下列经济业务。

(1) 12月1日，开出现金支票，提取现金1 000元备用。

(2) 12月1日，厂部王华预借差旅费2 000元，以现金支付。

(3) 12月2日，向沈阳大华工业有限公司销售产品CW-1共计5台，单价40 000元，增值税税率17%，款项尚未收到。

(4) 12月3日，厂部购买办公用品共计2 600元，以转账支票支付。

(5) 12月4日，收到沈阳大华工业有限公司所欠货款236 000元。

(6) 12月5日，厂办王华出差归来，报销差旅费1 900元，交回剩余现金100元。

(7) 12月7日，以现金支付职工药费500元。

(8) 12月7日，申请办理银行汇票320 000元。

(9) 12月8日，购买一级钢材10 000kg，单价27元，增值税税率17%，以银行汇票支付，材料验收入库。

(10) 12月9日，收到银行汇票剩余款项。

(11) 12月9日，开出转账支票支付前欠沈阳华捷钢材有限公司货款117 000元。

(12) 12月10日，开出现金支票，提取现金2 000元备用。

(13) 12月11日，收到职工张为违章罚款200元。

(14) 12月11日，将现金200元送存银行。

(15) 12月12日，收到银行存款利息3 114.9元。

(16) 12月13日，预付山东创元工业有限公司购买二级钢材货款50 000元。

(17) 12月13日，购买二级钢材5 000kg，单价23元。材料验收入库，剩余款项尚未支付。

(18) 12月14日，开出转账支票支付山东创元工业有限公司剩余货款84 550元。

(19) 12月14日，购买债券30 000元随时准备交易，支付交易费用300元。

(20) 12月14日，车间领用包装箱20个，单价300元。

(21) 12月15日，售给沈阳大华工业有限公司CW-1型号产品10台，单价40 000元，增值税税率17%，收到转账支票一张。

(22) 12月15日，将沈阳大华工业有限公司开出的无息商业承兑汇票贴现，贴现利率2%，出票日2015年9月15日，期限6个月，面值117 000元。

(23) 12月16日，采用委托收款方式支付水费5 000元。

(24) 12月17日，预收沈阳东辽工业有限公司预付货款6 000元。

(25) 12月17日，购入包装箱20个，单价300元。

(26) 12月17日，申请办理银行借款500 000元，期限3年。

(27) 12月18日，售给大连振东机械有限公司CW-2型号产品10台，单价30 000元，增值税税率17%，款项尚未收到。

(28) 12月18日，收到前欠货款(沈阳东辽工业有限公司)259 000元。

(29) 12月18日，购入材料，铸件1 000kg，单价36元，增值税税率17%，开出转账支票支付。材料尚未入库。

(30) 12月18日，车间领用工具5件，单价280元。

(31) 12月19日，企业轿车(轿车于2012年购入)报废。

(32) 12月19日，支付清理费用800元。

(33) 12月19日，结转清理损益。

(34) 12月20日，材料(铸件)验收入库。

(35) 12月20日，进行现金清查，发现短款200元。

(36) 12月21日，查明现金短款为出纳原因。

(37) 12月21日，收到出纳赔偿现金200元。

(38) 12月21日，支付单位电费5 000元。其中：车间生产产品耗电2 600元，管理部门耗电1 400元，销售部门耗电1 000元。

(39) 12月22日，购买转账支票一本，支付费用50元。

(40) 12月22日，收取包装物押金2 000元。

(41) 12月22日，购入小型货车一辆，价款200 000元，增值税进项税额34 000元。货车已交付厂部使用。开出转账支票支付。

(42) 12月22日，车间领用工具20件。

(43) 12月23日，收到大连振东机械有限公司前欠货款，银行汇票230 000元，当日送存银行。

(44) 12月23日，签发现金支票173 600元，提取现金，准备发放工资。

(45) 12月23日，以现金发放职工工资173 600元并结转代扣款项。

(46) 12月23日，购进设备车床一台，价款200 000元，增值税税率17%，开出转账支票支付。

(47) 12月24日，分配本月工资费用。本月工资费用260 000元，其中生产CW-1工人的工资40 000元，生产CW-2工人的工资30 000元，车间管理人员的工资60 000元，厂部管理人员的工资80 000元，销售部门人员的工资50 000元。

(48) 12月24日，计提本月职工福利费36 400元。

(49) 12月24日，按工资总额的2%计提本月的工会经费5 200元。

(50) 12月24日，没收包装物押金2 000元。

(51) 12月25日，应收沈阳东辽工业有限公司的商业汇票到期(出票日2015年6月25日，6个月，无息)，金额234 000元，采用委托收款方式收取货款。

(52) 12月25日，开出转账支票向市民政局捐赠救灾款10 000元。

(53) 12月25日，归还到期的短期借款100 000元。

(54) 12月26日，25日办理的委托收款234 000元收到进账通知。

(55) 12月26日，申请办理银行汇票150 000元。

(56) 12月26日，存货盘点，发现一级钢材短缺100kg，单价26元。

(57) 12月26日，购买二级钢材5 000kg，单价20元，用银行汇票支付。

(58) 12月27日，查明盘亏钢材原因并处理。

(59) 12月27日，收到银行汇票剩余款项。

(60) 12月27日，向大连振东机械有限公司销售CW-2产品10台，单价30 000元，增值税税率17%，收到不带息的商业承兑汇票一张，期限3个月。

(61) 12月27日，计提长期借款利息3 333元(借款筹建项目已投入使用)。

(62) 12月27日，开出转账支票5 000元支付市广告公司的广告费。

(63) 12月27日，以现金支付餐费800元。

(64) 12月28日，本月车间领用一级钢材2 000kg，二级钢材1 000kg。

(65) 12月28日，生产CW-1领用一级钢材10 000kg，二级钢材5 000kg，铸件2 000kg。

(66) 12月28日，生产CW-2领用一级钢材4 000kg，二级钢材3 000kg。

(67) 12月28日，计提本月固定资产折旧费。

(68) 12月29日，按应收账款余额百分比法计提本年应收账款的坏账准备。

(69) 12月29日，支付短期借款利息6 000元，已计提4 000元。

(70) 12月29日，分配制造费用，生产CW-1产品耗费6 500工时，生产CW-2产品耗费3 500工时。

(71) 12月29日，结转完工产品成本，本月CW-1产品完工24台，在产8台；CW-2产品完工25台，在产10台。

(72) 12月29日，计算结转产品销售成本，采用全月一次加权平均法。

(73) 12月29日，计算上交本月应交的增值税。

(74) 12月30日，计算结转应交城市维护建设税(税率7%)和教育费附加(税率5%)。

(75) 12月30日，上交应交城市维护建设税和教育费附加。

(76) 12月31日，将各损益类账户的本月发生额转入"本年利润"账户。

(77) 12月31日，按本月利润总额的25%计算应交所得税(所得税核算采用应付税款法，假设无税收调整项目)。

(78) 12月31日，将本月所得税费用转入本年利润。

(79) 12月31日，将"本年利润"账户的余额转入"利润分配——未分配利润"明细账。

(80) 12月31日，提取法定盈余公积和任意盈余公积。

(81) 12月31日，计提应付普通股现金股利202 732元。

(82) 12月31日，结转利润分配的各明细账户，即将利润分配的各明细账户的余额转入"利润分配——未分配利润"明细账。

(83) 12月31日，结算日记账、总账和各明细分类账本期发生额和期末余额。

(84) 12月31日，编制科目余额表与试算平衡表。

(85) 12月31日，总账与日记账、各明细分类账核对。

(86) 12月31日，编制资产负债表和利润表。

4.6　东方机床集团公司2015年12月经济业务原始凭证

1.

中国农业银行	中国农业银行　　现金支票	1010201
现金支票存根		00311221

中国农业银行
现金支票存根
1010201
00311221

附加信息

出票日期　2015年12月日
收款人：
金额：
用途：
单位主管　　会计

中国农业银行　　　现金支票　　　1010201
00311221
出票日期（大写）　　年　月　日　　汇款行名称：
收款人　　　　　　　　　　　　　　出票人账号：
人民币　　　　　　　　　　　　　　亿千百十万千百十元角分
大写
用途：

本支票付款期限十天　下列款项请从我账户内支付　出票人签章

复核　　　　记账

2.

东方机床集团公司借款单

2015-12-1

部门名称	厂部	借款人	王华	记账联
借款用途	出差			
借款金额（大写）	贰仟元整		十万千百十元角分 ¥200000	
批准人	会	借款人		

2015.12.1 现金付讫 (10)

3.

210110302

辽宁增值税专用发票　　　NO 00635205
记账联

开票日期：2015年12月2日

购货单位	名　称	沈阳大华工业有限公司				密码区	60040186+982<79+7+><2 7<0377+7<8*2>53010-/2<8<68+45*-8>41716 80/250<7989*7>50+>54	加密版本：11 110310314 06635789
	纳税人识别号	2101016015611260						
	地址、电话	沈阳市浑南一路56号						
	开户行及账号	中国工商银行银行浑南办事处 430236120068						

货物或应税劳务名称	规格型号	单位	数量	单价	金额	税率	税额
机床	CW-1	台	5	40000	200000	17%	34000
合　计					¥200 000.00		¥34 000.00
价税合计（大写）	⊗贰拾叁万肆仟					（小写）¥234 000.00	

销货单位	名　称	东方机床集团公司
	纳税人识别号	2101017010051101
	地址、电话	沈阳市塑花大街26号024-31011789
	开户行及账号	农业银行大东办事处 430165121116

备注

收款人：　　　复核：　　　开票人：刘丽　　　销货单位：（章）

第三联：记账联　销货方记账凭证

4-1.

中国农业银行
转账支票存根
1010321
0023211

附加信息

出票日期

收款人：

金额：

用途：

单位主管　　　　会计

4-2.

沈阳市商业零售统一发票

发 票 联　　　　No：000621

客户名称：东方机床集团公司　　　2015年12月3日

货号	品名	单位	数量	单价	金额							
					万	千	百	十	元	角	分
	打印纸	本	40	40	¥	1	6	0	0	0	0
	档案袋	个	100	3		¥	3	0	0	0	0
	圆珠笔	支	200	3.5		¥	7	0	0	0	0
合计金额（大写）贰仟陆佰元整					¥	2	6	0	0	0	0
付款方式	现金付讫										
收款人：王娜			开票人：李								

5.

中国农业银行**进账单**（回单）

2015年12月4日　　　　　　　　　　　001

付款人	全称	沈阳大华工业有限公司	收款人	全称	东方机床集团公司								
	账号	430236120068		账号	430165121116								
	开户银行	中国工商银行沈阳分行浑南办事处		开户银行	中国农业银行沈阳分行大东办事处								
人民币（大写）：贰拾叁万陆仟元整						千	百	十	万	千	百	十	元	角
							¥	2	3	6	0	0	0	0
票据种类		票据张数											
复核		记账											

6-1.

山 东 省 地 方 税 务 统 一 发 票

UNIFORM INVOICE OF LIAONING LOCAL TACATION

流水号 6050825　　发 票 联　　代码：221011270131

I N V O I C E

付款单位：东方机床集团公司　　2015年12月1日　　NO0605082501

PAYEE

企业所属行业	服务业	税务登记号	2101026919420X

项目　　　　　　　　　金额
住宿费　　　　　　　　1900
付款方式：　现金

第二联报销
凭证

金额（大写）壹仟玖佰元整　金额（小写）：1900

收款单位：青岛皇朝酒店有限公司　　收款人：　　开票人：朱路　　（手写无效）

PAYEE　　　　　　　　　　　PAYEE　　ISSUED BY　　HADN-WRITING INVALID

（盖章有效）

（SEAL）

费用报销单

部门：财务部　　　　　填制日期 2015 年 12 月 5 日　　　NO.01

事项用途	金额	报销人	备注
差旅费用	1900.00	王华	
其中：　住宿	1900	部门负责人	年会差旅费
		公司负责人	
报销金额合计（小写）	1900.00		
报销金额合计（大写）	壹仟玖佰元整		
借款金额 2000　应退金额 100　应补金额			

财务经理　　　审核　　　出纳

6-2.

东方机床集团公司借款单

2015-12-1

部门名称	厂部	借款人	王华	结算联
借款用途	出差			

借款金额（大写）	贰仟元整	十万	千	百	十	元	角	分
			¥2	0	0	0	0	0

批准人　　会计　　出纳　　借款人

7.

沈阳市人民医院门诊收费收据

姓名：王明　管理模式：现金　　No.124536

费别	金额	费别	金额
西药费	500	检查费	
中成药		治疗费	
中草药		手术费	
挂号费		化验费	
诊查费		其他	
合计	伍佰元整		
收据号校正：00124536		收款人：0008	

8.

中国农业银行银行汇票
申请书（存根）

申请日期 2015年12月7日

申请人		收款人								
账号		账号								
用途		代理付款行								
汇票金额 （大写）			十万	千	百	十	元	角	分	

上列 ~~支付~~

申请人签章　　　　财务主管　　　　　复核

9-1.

辽宁增值税专用发票　　　　　　　NO 00635205

记账联

210110302　　　　　　　　　　　　　　　　　开票日期: 2015年12月2日

购货单位	名　称：东方机床集团公司 纳税人识别号：210101701051101 地址、电话：沈阳市望花大街26号024-31011789 开户行及账号：农业银行银行人东办事处 430165121116		密码区	60040186+982＜79+7+＜2 7＜0377+7＜8•2＞53010- /2＜8＜68+45•-8＞41716 80/250＜7989+7＞50+＞54	加密版本：11 110310314 06635789		
货物或应税劳务名称	规格型号	单位	数量	单价	金额	税率	税额
钢材	一级钢材	千克	10000	27	270000	17%	45900
合　计					￥270 000.00		￥45 900.00
价税合计（大写）	⊗叁拾壹万伍仟玖佰				（小写）￥315 900.00		
销货单位	名　称：沈阳华捷钢材有限公司 纳税人识别号：210182013120130000 地址、电话：沈阳市昆山西路59号 开户行及账号：中国农业银行沈阳分行皇姑办事处 430143020067		备注				
收款人：	复核：		开票人：李丽		销货单位：（章）		

第三联：记账联　购货方记账凭证

[2012]622

9-2.

采 购 入 库 单

购货单位：东方机床集团公司　　　　　　2015年12月8日　　　　　　　　编号：00201

货物或应税劳务名称	规格型号	单位	数量	单价	金额	备注
钢材	一级钢材	kg	10000	27.00	270000.00	
					0.00	
					0.00	
					0.00	
					0.00	
					0.00	
					0.00	
合　计			10000		270000.00	

采购部：　　　　　　记账：　　　　　　　　收货：　　　　　　　　保管：

10.

中国农业银行
银行汇票（解讫通知）

出票日期（大写）	年　月　日	代理付款行	行号								
出票金额				十	万	千	百	十	元	角	分
实际金额				十	万	千	百	十	元	角	分
		行号	多余金额	十	万	千	百	十	元	角	分
备注			复核		记账						

（印章：中国农业银行 大东支行 2015.12.9 解讫 (10)）

11.

中国农业银行
转账支票存根
1010322
0023212

附加信息

出票日期
收款人：
金额：
用途：
单位主管　　　会计

12.

中国农业银行		现金支票		1010202

中国农业银行
现金支票存根
1010202
00311222

附加信息

出票日期
收款人：
金额：
用途：
单位主管　　　会计

出票日期（大写）　年　月　日　　汇款人名称：
收款人　　　　　　　　　　　　出票人账号：

人民币大写　　　　　亿 千 百 十 万 千 百 十 元 角 分

用途：

本支票付款期限十天　下列款项请从我账户内支付　出票人签章

（印章：东方机床集团公司 财务专用章）

（印章：王启业印）

复核　　　　　记账

13.

收　据（代收款凭单）

2015年12月11日　　　No 0002353

收款单位	厂部	收款方式	现金							
			十	万	千	百	十	元	角	分
收款金额（大写）贰佰元整						¥	2	0	0	0	0
备注		复核	出纳		经办					

（印章：东方机床集团公司 2015.12.11 现金收讫）

14.

中国农业银行现金交款单

2015年12月11日

收款单位	东方机床集团公司				
款项来源	个人罚款	账号	4301 6512 1116	开户银行	农业银行沈阳分行大东办事处
大写金额	贰佰元整		十 万 千 百 十 元 角 分		
			2 0 0 0 0		

（印章：中国农业银行 大东支行 2015.12.11 现金收讫 (10)）

15.

中国农业银行存款利息通知单

2015年12月12日

户名	计息期	积数									利率（月息）	利息金额						
		百	十	万	千	百	十	元	角	分		万	千	百	十	元	角	分
东方机床集团公司	2015年11月13日起 2015年12月12日止	6	2	2	9	8	0	0	0	0	0.05%		3	1	1	4	9	0
大写金额：叁仟壹佰壹拾肆元玖角整																		
备注									存款：利息已如数列入你单位往来账户（银行盖章）									

16.

```
         中国农业银行
         转账支票存根
          1010323
          0023213

附加信息




出票日期
收款人：
金额：
用途：
单位主管          会计
```

17-1.

山东增值税专用发票　　　　　　NO 00635205

210110302

记账联　　　　　　　　　　　　开票日期：2015年12月13日

购货单位	名 称　栋东方机床集团公司 纳税人识别号 2101017010511101 地 址、电 话 沈阳市塑花大街26号 024-31011789 开户行及账号 农业银行大东办事处 4301651211116				密码区	60040186+982<79+7+><2 7<0377+7<8*2>53010- /2<8<68*45-8>41716 80/250<7989*7>50+>54	加密版本：23 110310314 06635789	第三联：记账联　购货方记账凭证
	货物或应税劳务名称	规格型号	单位	数量	单价	金 额	税率	税 额
	钢材	二级钢材	千克	5000	23	115000	17%	19550
	合　计					¥115 000.00		¥19 550.00
	价税合计（大写）　⊗壹拾叁万肆仟伍佰伍拾						（小写）¥134 550.00	
销货单位	名 称　栋山东创元工业有限公司 纳税人识别号 31025210132031600 地 址、电 话 青岛市黄海路95号 开户行及账号 中国工商银行青岛分行黄海分理处 4301 4321 3266				备注			

收款人：　　　复核：　　　开票人：李丽　　　销货单位：（章）

17-2.

采 购 入 库 单

购货单位：东方机床集团公司　　2015年12月13日　　　　　　　　　　　　编号：　00201

货物或应税劳务名称	规格型号	单位	数量	单价	金额	备注
钢材	二级钢材	kg	5000	23.00	115000.00	
					0.00	
					0.00	
					0.00	
					0.00	
					0.00	
					0.00	
合　　计			5000		115000.00	

采购部：　　　　　　记账：　　　　　　　　收货：　　　　　　　　保管：

18.

中国农业银行
转账支票存根
1010324
0023214

附加信息

出票日期

收款人：

金额：

用途：

单位主管　　　　　　会计

19.

辽宁中天证券营业部

成交过户交割单　　　　2015年12月14日　　　　　③通知

股东编号	C00385	成交证券	企业债券
电脑编号	550	成交数量	100
公司名称	华翔	成交价格	1050
申报编号	261	成交金额	30000
申报时间	20151214	佣　金	300
成交时间	20151214	应付金额	30300

20.

出 　库 　单

领用部门：车间　　　　　　2015年12月14日　　　　　　编号：00006

货物名称	规格型号	单位	数量	单价	金额	备注
包装物	包装箱	个	20	300	6000	
合　　计			20		6000	

发货：　　　　　　　　复核：　　　　　　　　保管：　郑丽

21-1.

辽宁增值税专用发票

210110303

记账联

NO 00635206

开票日期：2015年12月15日

购货单位	名 称	称沈阳东辽工业有限公司				密码区	60040186+982<79+7+<2 7<0377+7<8*2>>53010— /2<8<68*45*-8>41716 80/250<7989*7>50+>>54	加密版本：11 110310314 06635789		第三联：记账联 销货方记账凭证
	纳税人识别号	2101026112710230								
	地 址、电 话	沈阳市道义大街116号								
	开户行及账号	中国建设银行沈阳分行沈北办事处 4307 4361 1006								
	货物或应税劳务名称	规格型号	单位	数量	单价	金 额	税率		税 额	
	机床	CW-1	台	10	40000	400000	17%		68000	
	合 计					¥400 000.00			¥68 000.00	
	价税合计（大写）	⊗肆拾陆万捌仟				（小写）¥468 000.00				
销货单位	名 称	称东方机床集团公司			备注					
	纳税人识别号	2101017010515101								
	地 址、电 话	沈阳市望花大街26号 024 - 31011789								
	开户行及账号	农业银行大东办事处430165121116								

收款人： 复核： 开票人：刘丽 销货单位：（章）

21-2.

中国农业银行进账单（回单）

2015年12月15日   002

付款人	全称	沈阳东辽工业有限公司	收款人	全称	东方机床集团公司										
	账号	430743611006		账号	430165121116									
	开户银行	中国建设银行沈阳分行沈北办事处		开户银行	中国农业银行沈阳分行大东办事处									
人民币（大写）：肆拾陆万捌仟						千	百	十	万	千	百	十	元	角
							¥	4	6	8	0	0	0	0
票据种类		票据张数		收款人开户银行										
复核		记账												

此联由收款人做记账凭证

22.

贴现凭证（收款通知）

2015年12月15日

申请人	名称	东方机床集团公司	贴现汇票	种类	商业承兑汇票							
	账号	4301 6512 1116		发票日	20150915							
	开户银行	中国农业银行沈阳分行大东办事处		到期日	20160315							
汇票承兑人	沈阳大华工业有限公司		开户银行账号	中国工商银行沈阳分行浑南办事处 4302 3612 0068								
					十	万	千	百	十	元	角	分
汇票金额（大写）												
贴现率					十	万	千	百	十	元	角	分
上述款项已转入单位账户			贴现利息									
			实付贴现金额		十	万	千	百	十	元	角	分

23-1.

托收凭证（付款通知）

日期 2015年12月15日

付款人	全称	东方机床集团公司	收款人	全称	沈阳市自来水公司
	账号	4301 6512 1116		账号	432158902
	开户银行	中国农业银行沈阳分行大东办事处		开户银行	中国工商银行沈阳分行大东支行

		十	万	百	千	百	十	元	角	分
出票金额	人民币（大写）伍仟元整				5	0	0	0	0	0

款项内容	水费	根据协议上列款项由付款单位账户付出
本汇票已经承兑，到期无条件支付票款		
日期	2015年12月15日	开户行签章

23-2.

辽宁省沈阳市自来水销售发票

记账联

2015年12月21日

户名	东方机床集团公司	本月表数	11026006
地址	沈阳市望花大街26号	上月表数	11016006
实用水量	10000		
单价	0.5	金额	5000
金额大写	伍仟元整		
开户银行	中国农业银行沈阳分行大东办事处	账号	4301 6512 1116

530600961233826

23-3.

东方机床集团公司水费分配表

2015-12-16

用水单位	用水量	分配率	分配金额
车间	4000		2000
厂部	4000		2000
销售部	2000		1000
合计	10000		5000

24.

中国农业银行进账单（回单）

2015 年12月17日   002

付款人	全称	沈阳东辽工业有限公司	收款人	全称	东方机床集团公司
	账号	430743611006		账号	430165121116
	开户银行	中国建设银行沈阳分行沈北办事处		开户银行	中国农业银行沈阳分行大东办事处

人民币(大写)：陆仟元整

		千	百	十	万	千	百	十	元	角
					￥	6	0	0	0	0

票据种类   票据张数

收款人开户银行签章

复核   记账

此联由收款人做记账凭证

25-1.

采 购 入 库 单

购货单位：东方机床集团公司   2015 年12月17日   编号： 00202

货物或应税劳务名称	规格型号	单位	数量	单价	金额	备注
包装物	包装箱	个	20	300.00	6000.00	
					0.00	
					0.00	
					0.00	
					0.00	
					0.00	
					0.00	
合　　计			20		6000.00	

采购部：   记账：   收货：   保管：

25-2.

中国农业银行
转账支票存根
1010325
0023215

附加信息

出票日期

收款人：

金额：

用途：

单位主管   会计

25-3.

辽宁增值税专用发票
记账联

210120301

NO 10652053

开票日期: 2015年12月17日

购货单位	名 称	称东方机床集团公司				密码区	60040186+982<79+7+><2 7<0377+7<8+2>>53010-/2<8<68+45*-8>41716 80/250<7989+7>50+>54	加密版本: 11 110310314 06635789
	纳税人识别号	210101701051101						
	地址、电话	沈阳市邹花大街26号024-31011789						
	开户行及账号	农业银行大东办事处 430165121116						

货物或应税劳务名称	规格型号	单位	数量	单价	金额	税率	税额
包装箱	包装箱	个	20	300	6000	17%	1020
合 计					¥6 000.00		¥1 020.00
价税合计 (大写)	⊗柒仟零贰拾				(小 写) ¥7 020.00		

销货单位	名 称	称沈阳华盛工业有限公司		备注
	纳税人识别号	21012018312000326		
	地 址、电 话	沈阳市大西路36号		
	开户行及账号	中国农业银行沈阳分行沈河办事处430142076686		

收款人: 　　　复核: 　　　开票人: 李丽 　　　销货单位: (章)

第三联: 记账联 购货方记账凭证

26.

中国农业银行贷款凭证(代收账通知)

贷款单位	东方机床集团公司	贷款账号	430165121116	存款账号	430165121116

		百	十	万	千	百	十	元	角	分		
贷款金额	伍拾万元整		5	0	0	0	0	0	0	0	申请还款日期	2018年12月17日
											银行核定还款日期	2018年12月17日
兹向你行贷款下到款项,到期时请凭此借据从本单位存款账户内收回。											银行实际放款日期	2015年12月17日

贷款单位(章)　　　法人代表　　　银行盖章　　　　　　2015年12月17日

27.

辽宁增值税专用发票
记账联

210110304

NO 00635207

开票日期: 2015年12月15日

购货单位	名 称	称大连振东机械有限公司				密码区	60040186+982<79+7+><2 7<0377+7<8+2>>53010-/2<8<68+45*-8>41716 80/250<7989+7>50+>54	加密版本: 11 110310314 06635789
	纳税人识别号	21021062271113600						
	地 址、电 话	大连市高尔基路68号						
	开户行及账号	中国建设银行大连分行西岗区办事处 430743610610						

货物或应税劳务名称	规格型号	单位	数量	单价	金额	税率	税额
机床	CW-2	台	10	30000	300000	17%	51000
合 计					¥3 000 000.00		¥51 000.00
价税合计 (大写)	⊗叁拾伍万壹仟				(小 写) ¥351 000.00		

销货单位	名 称	称东方机床集团公司		备注
	纳税人识别号	210101701051101		
	地 址、电 话	沈阳市邹花大街26号-31011789		
	开户行及账号	农业银行大东办事处 430165121116		

收款人: 　　　复核: 　　　开票人: 刘丽 　　　销货单位: (章)

第三联: 记账联 销货方记账凭证

28.

中国农业银行进账单（回单）

2015年12月18日　　　　　　　　　　　　002

付款人	全称	沈阳东辽工业有限公司	收款人	全称	东方机床集团公司
	账号	430743611006		账号	430165121116
	开户银行	中国建设银行沈阳分行沈北办事处		开户银行	中国农业银行沈阳分行大东办事处

人民币（大写）：贰拾伍万玖仟

	千	百	十	万	千	百	十	元	角
￥		2	5	9	0	0	0	0	

此联由收款人做记账凭证

票据种类		票据张数		收款人开户银行
复核		记账		

29-1.

辽宁增值税专用发票 记账联　　　NO 00635205

210110302　　　　　　　　　　开票日期：2015年12月2日

购货单位	名 称	东方机床集团公司
	纳税人识别号	210101701051101
	地址、电话	沈阳市望花大街26号 024-31011789
	开户行及账号	农业银行大东办事处 430165121116

密码区：60040186+982<79+7+<2 7<0377+7<8*2>53010-/2<8<68*45*-8>41716 80/250<7989*7>50+>54

加密版本：11 110310314 06635789

货物或应税劳务名称	规格型号	单位	数量	单价	金额	税率	税额
铸件	铸件	千克	1000	36	36000	17%	6120
合 计					￥36 000.00		￥6 120.00

价税合计（大写）⊗肆万贰仟壹佰贰拾　　　（小写）￥42 120.00

销货单位	名 称	沈阳中大有限公司
	纳税人识别号	210133063002110000
	地址、电话	沈阳市联合路79号
	开户行及账号	中国建设银行沈阳分行大东办事处 430742071121

收款人：　　　复核：　　　开票人：李丽　　　销货单位：（章）

29-2.

中国农业银行
转账支票存根
1010326
0023216

附加信息

出票日期	
收款人：	
金额：	
用途：	
单位主管	会计

30.

出　库　单

领用部门：车间　　　　　　　　　　2015年12月18日　　　　　　　　　　　　　　编号：00007

货物名称	规格型号	单位	数量	单价	金额	备注
低值易耗品	工具	个	5	280	1400	
合　　计			5		1400	

发货：　　　　　　　　　复核：　　　　　　　　　　　　　　　　保管：郑丽

31.

财产物资报废单

2015年12月19日　　　　　　　　　　　　　　　　　　单位：元

金额	品名	数量	领用时间	报废时间	原值	累计折旧
	轿车	1	2012.11	2015.12	150000	45000

报表人　　　　　　　审核人

32.

收　据 (代收款凭单)

2015年12月19日　　　　　　No 0001246

收款单位	沈阳劳务公司	收款方式	现金							
付款单位	东方机床集团公司									
收款金额（大写）捌佰元整		十	万	千	百	十	元	角	分	
				¥	8	0	0	0	0	
备注										

财务主管　　　　　　　出纳　　　　　　　经办

33.

固定资产清理结果报告单

2015年12月19日　　　　　　　　　　　　　　　　单位：元

固定资产名称	固定资产原值	累计折旧	固定资产清理收入	固定资产清理费用	固定资产清理净损益
轿车					

34.

采 购 入 库 单

购货单位：东方机床集团公司　　　　　　　　2015 年12月20日　　　　　　　　　　编号：00201

货物或应视劳务名称	规格型号	单位	数量	单价	金额	备注
铸件	铸件	kg	1000	36.00	36000.00	
					0.00	
					0.00	
					0.00	
					0.00	
					0.00	
					0.00	
合　计			1000		36000.00	

采购部：　　　　　　记账：　　　　　　　　收货：　　　　　　　　保管：

35.

现金盘点报告表

单位名称：东方机床集团公司　　　　　　　2015年12月20日

账存金额	实存金额	账实	对比	备注
		盘盈	盘亏	
合　计				

记账　　　　　　复核　　　　　　　　出纳

36.

关于对东方机床集团公司财产盘盈盘亏的审批意见

我公司在现金清查中发现现金短缺200元，经核查系出纳原因造成并批准处理。

经手人：
2015年12月21日

37.

收　据 (代收款凭单)

2015年12月21日　　　　　　　№ 0001241

收款单位	东方机床集团公司	收款方式	现金								
付款单位	个人										
收款金额（大写）贰佰元整			十	万	千	百	十	元	角	分	
					¥	2	0	0	0	0	
备注：出纳赔偿款											

财务主管　　　记账　　　出纳

38-1.

托收凭证（付款通知）

日期　2015年12月21日

付款人	全称	东方机床集团公司	收款人	全称	沈阳市电业局									
	账号	430165121116		账号	2236786									
	开户银行	中国农业银行沈阳分行大东办事处		开户银行	中国工商银行沈阳分行和平支行									

			十	万	百	千	百	十	元	角	分
出票金额	人民币（大写）伍仟元整					5	0	0	0	0	0

款项内容	电费	根据协议上列款项由付款单位账户付出
本汇票已经承兑，到期无条件支付票款		
日期	2015年12月21日	开户行签章

（印章：中国农业银行 大东办事处 2015.12.21 转讫 (10)）

38-2.

辽宁省沈阳市电力销售发票

记账联

2015年12月21日

户名	东方机床集团公司	本月表数	10236801
地址	沈阳市望花大街26号	上月表数	10246801
实用电量	10000		
单价	0.5	金额	5000
金额大写	伍仟元整		
开户银行	中国农业银行沈阳分行大东办事处	账号	4301 6512 1116

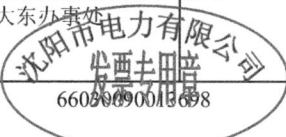

（印章：沈阳市电力有限公司 发票专用章 66020090015698）

38-3.

东方机床集团公司电费分配表

2015年12月21日

用电单位	用电量	分配率	分配金额
车间	5200		2600
厂部	2800		1400
销售部	2000		1000
合　计	10000		5000

39.

中国农业银行手续费凭证

2015年12月22日

币种：	01人民币		
金额（小写）	50		
金额（大写）	伍拾元整		
摘要	转账支票工本费		
柜员流水号	17541086903		

（印章：中国农业银行 大东办事处 2015.12.22 转讫 (10)）

40-1.

中国农业银行进账单（回单）

2015年12月22日　　　　　　　　003

付款人	全称	沈阳东辽工业有限公司	收款人	全称	东方机床集团公司
	账号	430743611006		账号	430165121116
	开户银行	中国建设银行沈阳分行沈北办事处		开户银行	中国农业银行沈阳分行大东办事处

人民币（大写）：贰仟元整	千	百	十	万	千	百	十	元	角
			￥	2	0	0	0	0	

票据种类		票据张数	收款人开户银行盖章
复核		记账	

此联由收款人做记账凭证

40-2.

收　据（代收款凭单）

2015年12月22日　　　　　　No 0001242

收款单位	东方机床集团公司	收款方式	支票
付款单位	沈阳东辽工业有限公司	十 万 千 百 十 元 角 分	
		0 0 0 0 0	

收款金额（大写）贰仟元整

备注：包装箱押金

财务主管　　　记账　　　出纳　　　经办

财务专用章

41-1.

辽宁增值税专用发票　　　　NO 0766363

2101211566　　　　　　　　　　　　　　　　　开票日期：2015年12月22日

购货单位	名　称	将东方机床集团公司	密码区	60040186+982<79+7+ ><2	加密版本：23
	纳税人识别号	2101017010S1101		7<0377+7<8•2 > 53010-	110310314
	地址、电话	沈阳市望花大街26号024-31011789		/2<8<68•45•-8 >41716	06635789
	开户行及账号	农业银行大东办事处 430165121116		80/250<7989•7>50+•> 54	

货物或应税劳务名称	规格型号	单位	数量	单价	金额	税率	税额
汽车	小型货车	辆	1	200000	200000	17%	34000
合　计					￥200 000.00		￥34 000.00

价税合计（大写）	⊗贰拾叁万肆仟		（小写）￥234 000.00

销货单位	名　称	将沈阳奥达汽车有限公司	备注	沈阳市奥达汽车有限公司
	纳税人识别号	21011220420234000		660300961282366
	地址、电话	沈阳市铁西区北二路112号		发票专用章
	开户行及账号	中国工商银行沈阳分行铁西支行 432190258		

收款人：　　　复核：　　　开票人：李丽　　　销货单位：（章）

第三联：记账联　购货方记账凭证

[20121622]

41-2.

```
中国农业银行
转账支票存根
1010325
0023215

附加信息


出票日期
收款人:
金额:
用途:
单位主管        会计
```

42.

出　库　单

领用部门：车间　　　　　2015年12月22日　　　　　编号：00007

货物名称	规格型号	单位	数量	单价	金额	备注
低值易耗品	工具	件	20	280	5600	
合　计			20		5600	

发货：　　　　　复核：　　　　　保管：

43.

中国农业银行进账单（回单）

2015年12月23日　　　　　006

付款人	全称	大连振东机械有限公司	收款人	全称	东方机床集团公司
	账号	430743610610		账号	430165121116
	开户银行	中国建设银行大连分行西岗区办事处		开户银行	中国农业银行沈阳分行大东办事处

人民币（大写）：贰拾叁万元整　　　　　千百十万千百十元角
　　　　　　　　　　　　　　　　　　　¥ 2 3 0 0 0 0 0

票据种类		票据张数	收款人开户银行签章
复核		记账	

此联由收款人做记账凭证

44.

中国农业银行
现金支票存根
1010204
00311223

附加信息

出票日期
收款人：
金额：
用途：
单位主管　　会计

中国农业银行　　现金支票　　1010203
　　　　　　　　　　　　　　　　　　00311224

出票日期（大写）　　年　月　日　　汇款行名称：
收款人　　　　　　　　　　　　出票人账号：

人民币　　　　　　　　　　　亿千百十万千百十元角分
大写

本支付款限十天　下列款项请从我账户内支付　出票人签名

王启业印

复核　　　　记账

45.

东方机床集团公司工资结算表
2015年12月23日

产品部门	职工类别	姓名	基本工资	津贴	应付工资	代扣款项				实付工资
						社会保险	住房公积金	个人所得税	代扣合计	
生产车间	CW-1生产人员	张平	16000	6000	22000	2200	1600	3640	7440	14560
		王红	13000	5000	18000	1800	1300	2980	6080	11920
	CW-2生产人员	田威	10000	6000	16000	1600	1000	2680	5280	10720
		宋齐	9000	5000	14000	1400	900	2340	4640	9360
	车间人员	李生	16000	9000	25000	2500	1600	4180	8280	16720
		王新	12000	7000	19000	1900	1200	3180	6280	12720
		郑宏	9000	7000	16000	1600	900	2700	5200	10800
行政部门	行政管理人员	王华	19000	9000	28000	2800	1900	4660	9360	18640
	财务人员	齐继	18000	8000	26000	2600	1800	4320	8720	17280
		李楠	19000	7000	26000	2600	1900	4300	8800	17200
销售部门	销售人员	刘陆	15000	11000	26000	2600	1500	4380	8480	17520
		赵兆	14000	10000	24000	2400	1400	4040	7840	16160
合计			170000	90000	260000	26000	17000	43400	86400	173600

46-1.

辽宁增值税专用发票　　NO 011625836
210120316　　　　　记账联
　　　　　　　　　　　　　开票日期：2015年12月23日

第三联：记账联　购货方记账凭证

货物或应税劳务名称	规格型号	单位	数量	单价	金额	税率	税额
车床	车床	台	1	200000	200000	17%	34000
合计					¥200 000.00		¥34 000.00

购货单位：名称 东方机床集团公司　纳税人识别号 2101017010511101　地址、电话 沈阳市望花大街26号024-31011789　开户行及账号 农业银行大东办事处 430165121116

密码区：60040186+982＜79+7+＞＜2 7＜0377+7＜8*2＞＜53010-/2＜8＜68*45*8＞41716 80/250＜7989*7＞50+＞＜54　加密版本：11 110310314 06635789

价税合计（大写）⊗贰拾叁万肆仟　（小写）¥234 000.00

销货单位：名称 沈阳天和机床公司　纳税人识别号 210131082120131001232　地址、电话 沈阳市铁西区北一路59号　开户行及账号 中国农业银行沈阳分行铁西办事处 4301 4202 6207

沈阳天和机床公司 发票专用章

收款人：　　复核：　　开票人：刘杨　　销货单位：（章）

46-2.

```
              中国农业银行
              转账支票存根
               1010327
               0023217

附加信息


出票日期：
收款人：
金额：
用途：
单位主管        会计
```

47.

工资费用分配表

2015年12月24日

车间及部门		应分配工资额
生产工人	CW-1	40000
	CW-2	30000
车间管理人员		60000
厂部管理人员		80000
销售部门人员		50000
合计		260000

48.

职工福利费计算表

2015年12月24日

车间及部门	应计提福利费用
生产工人	
车间管理人员	
厂部管理人员	
销售部门人员	
合计	

49.

工会经费计算表

2015年12月24日

车间及部门	计提比例	应计提工会经费
生产工人		
车间管理人员		
厂部管理人员		
销售部门人员		
合计		

50.

收 据 (代收款凭单)

2015年12月22日　　　　No 0001242

收款单位	东方机床集团公司	收款方式	支票
付款单位	沈阳东辽工业有限公司		

收款金额（大写）贰仟元整　　　十 万 千 百 十 元 角 分
　　　　　　　　　　　　　　　　　　　 ¥ 2 0 0 0 0 0

备注：包装箱押金

财务主管　　　记账　　　出纳　　　经办

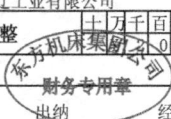

51-1.

商业承兑汇票解讫通知

出票日期（大写）　　年　　月　　日

付款人	全称	沈阳东辽工业有限公司	收款人	全称	东方机床集团公司								
	账号	430743611006		账号	430165121116								
	开户银行	中国建设银行沈阳分行沈北办事处		开户银行	中国农业银行沈阳分行大东办事处								
出票金额		人民币（大写）			十	万	百	千	百	十	元	角	分
汇票到期日													
备注													

51-2.

托收凭证（受理回单）

委托日期（大写）　　年　　　月　　　日

业务类型　　委托收款（邮划□　电划□）　　托收承付（邮划□　电划□）

付款人	全称		收款人	全称									
	账号			账号									
	开户银行			开户银行									
出票金额		人民币（大写）			十	万	百	千	百	十	元	角	分
款项内容			收款人开户银行签章										
备注		款项受托日期：											
		年　月　日							月　日				

52-1.

中国农业银行
转账支票存根
1010328
0023218

附加信息

出票日期

收款人：

金额：

用途：

单位主管　　　　会计

52-2.

收款收据

收款日期 2015年12月25日

付款单位	东方机床集团公司	收款单位	沈阳市民政局	收款项目	捐赠款						
					十万	千	百	十	元	角	分
人民币（大写）壹万元整					1	0	0	0	0	0	0
收款事由	捐赠			出纳			交款人				
上述款项照数收讫无误		会计主管	稽核								
		张琦	吴震	刘平			王华				

53.

中国农业银行贷款凭证(还款通知)

贷款单位	东方机床集团公司	贷款账号	430165121116	存款账号	430165121116
贷款金额	壹拾万元整	百 十 万 千 百 十 元 角 分	申请还款日期	2015年12月25日	
		1 0 0 0 0 0 0 0	银行核定还款日期	2015年12月25日	
兹向你行贷款下到款项，到期时请凭此借据从本单位存款账户内收回。 此致			银行实际放款日期	2015年6月25日	
贷款单位（章） 法人代表 银行盖章				2015年12月25日	

54.

托收凭证（收账通知）

委托日期（大写）   年   月   日

业务类型	委托收款（邮划□ 电划□）	托收承付（邮划□ 电划□）								
付款人	全称		收款人	全称						
	账号			账号						
	开户银行			开户银行						
出票金额	人民币（大写）			十 万 百 千 百 十 元 角 分						
款项内容			收款人开户银行签章							
备注	款项受托日期：									
	年 月 日					月 日				

55.

中国农业银行银行汇票
申请书（存根）

申请日期　2015年12月26日

申请人		收款人							
账号		账号							
用途		代理付款行							
汇票金额			十万	千	百	十	元	角	分
（大写）									

上列款项请　　　　　支付

申请人签章　　　　　财务主管　　　　　复核

56.

东方机床集团公司财产盘盈盘亏报告单

盘点部门：仓库　　　　　2015年12月26日　　　　　第01号

财产名称	计量单位	盘盈			盘亏			原因
		数量	单价	金额	数量	单价	金额	
一级钢材	千克				100	26	2600	待查
领导批示		先调整账簿，进一步查明原因后按审批意见再进行处理 李楠　12月26日						

57-1.

辽宁增值税专用发票　　　　　NO 00336520

210130245

记账联　　　　　开票日期：2015年12月26日

购货单位	名　称　东方机床集团公司 纳税人识别号 2101017010510111 地址、电话 沈阳市望花大街26号024-31011789 开户行及账号 农业银行大东办事处 430165121116				密码区	60040186+982＜79+7＋＞＜2 7＜0377+7＜8＊2＞53010- /2＜8＜68＊45＊-8＞41716 80/250＜7989＊7＞50+＞54	加密版本：23 110310314 06635789	第三联：记账联　购货方记账凭证
货物或应税劳务名称	规格型号	单位	数量	单价		金　额	税率	税　额
钢材	二级钢材	千克	5000	20		100000	17%	17000
合　计						￥100 000.00		￥17 000.00
价税合计（大写）	⊗壹拾壹万柒仟					（小写）￥117 000.00		
销货单位	名　称　辽宁华东工业有限公司 纳税人识别号 110262112356735 地址、电话 沈阳市北一路95号 开户行及账号 中国工商银行铁西支行 4301 4321 3786				备注			

收款人：　　　　复核：　　　　开票人：张丽　　　　销货单位：（章）

57-2.

采 购 入 库 单

购货单位：东方机床集团公司　　　　2015年12月26日　　　　编号：00201

货物或应税劳务名称	规格型号	单位	数量	单价	金额	备注
钢材	二级钢材	kg	5000	20.00	100000.00	
					0.00	
					0.00	
					0.00	
					0.00	
					0.00	
合　计			5000		100000.00	

采购部：　　　　记账：　　　　　　　　　收货：　　　　　保管：

58.

关于对东方机床集团公司财产盘盈盘亏的审批意见

我公司在月末盘点中发现一级钢材盘亏100千克，计2600元。经核查原因已明并进行处理。一级钢材盘亏是因收发计量错误造成的，由本公司核销。

2015年12月27日

经手人：李楠

59.

中国农业银行
银行汇票（解讫通知）

出票日期 （大写）	年　月　日		代理付款行	行号								
出票金额					十	万	千	百	十	元	角	分
实际结算金额					十	万	千	百	十	元	角	分
申请人				多余金额								
出票行		行号		十	万	千	百	十	元	角	分	
备注				记账		复核						

60-1.

辽宁增值税专用发票　　　　　　　　NO 00635208

2101103005

记账联

开票日期: 2015年12月27日

购货单位	名　称 大连振东机械有限公司 纳税人识别号 21021062271113600 地址、电话 大连市高尔基路68号 开户行及账号 中国建设银行大连分行西岗区办事处 430743610610			密码区	60040186+982<79+7+><2 7<0377+7<8*2>>53010- /2<8<68*45*-8>41716 80/250<7989*7>50+>>54		加密版本: 11 110310314 06635789
货物或应税劳务名称	规格型号	单位	数量	单价	金　额	税率	税　额
机床	CW-2	台	10	30000	300000	17%	51000
合　计					¥300 000.00		¥51 000.00
价税合计（大写）	⊗叁拾伍万壹仟					（小　写）¥351 000.00	
销货单位	名　称 东方机床集团公司 纳税人识别号 210101701051101 地址、电话 沈阳市望花大街26号024-31011789 开户行及账号 农业银行大东办事处 430165121116			备注			

收款人:　　　　　复核:　　　　　　　　　开票人: 刘丽　　　　　　销货单位:（章）

第三联: 记账联 销货方记账凭证

[2012]622

60-2.

商业承兑汇票

出票日期（大写）　　　年　　　月　　　日

付款人	出票人全称		收款人	全称	
	账号			账号	
	开户银行			开户银行	
出票金额	人民币（大写）			十 万 千 百 十 元 角 分	
汇票到期日			本汇票请予以承兑于到期日		
本汇票已经承兑，到期无条件支付票款					
承兑日期　　　承兑人签章 　　年　　月　　日			出票人		

62-1.

```
中国农业银行
转账支票存根
1010329
0023219

附加信息



出票日期
收款人:
金额:
用途:
单位主管        会计
```

61.

借款利息计算清单
2015年12月27日

计息起讫日期	12月1日至12月31日	
计息总积数	利率（年利率）	利息金额
800000	5%	3333
复核	记账	

62-2.

辽宁省沈阳市广告业专用发票

发票联

客户名称	东方机床集团公司	地址		沈阳市望花大街26号							
项目	摘要	数量	单价	金额							
				十万	千	百	十	元	角	分
广告	支付广告费	1项			¥	5	0	0	0	0	0
金额合计（大写）	伍仟元整		合计		¥	5	0	0	0	0	0

沈阳市艺群广告公司 2015.12.27 财务专用章

63.

沈阳市餐饮娱乐业统一发票

客户	东方机床集团公司
项目	餐饮费
总计	800
大写	捌佰元整
王记饭店	
税号：21012125006	
南京南街66号	2015年12月27日

沈阳王记饭店 2015.12.27 财务专用章

64.

领 料 单

领用部门：车间   2015年12月28日   编号：0007

用途：

货物名称	规格型号	单位	数量	单价	金额	备注
合　　计						

发货：   复核：   保管：

65.

领　料　单

领用部门：车间　　　　　　　2015年12月28日　　　　　　　编号：0008

用途：

货物名称	规格型号	单位	数量	单价	金额	备注
合　　计						

发货：　　　　　　　复核：　　　　　　　保管：

66.

领　料　单

领用部门：车间　　　　　　　2015年12月28日　　　　　　　编号：0009

用途：

货物名称	规格型号	单位	数量	单价	金额	备注
合　　计						

发货：　　　　　　　复核：　　　　　　　保管：

67.

固定资产折旧计算表

固定资产项目	年折旧率	上月计提		本月计提	
		原值	月折旧额	原值	月折旧额
合计					

68.

坏账准备计算表

年　月　日

项目	账面余额	提取比例	应提准备数	已有余额	应补提（或冲减数）
合计					

69.

中国农业银行计付利息清单（付款通知）

年　月　日

计息起讫日期			
存款户账号	计息总积数	利率	利息金额
你单位上述应偿借款利息 已从你单位账户中划出			
		银行盖章	
复核		记账	

70.

制造费用分配表

年　月　日

项目	生产工时	分配率	分配金额

71-1.

产品成本计算单

2015年12月29日

产品名称：

项目	直接材料	燃料动力	直接人工	制造费用	合计
月初在产品成本					
本月生产费用					
生产费用合计					
单位成本					
本月完工产品成本					
月末在产品成本					

71-2.

产品成本计算单

2015年12月29日

产品名称：

项目	直接材料	燃料动力	直接人工	制造费用	合计
月初在产品成本					
本月生产费用					
生产费用合计					
单位成本					
本月完工产品成本					
月末在产品成本					

71-3.

产成品入库单

年　月　日

品名	规格	单位	数量	单位成本	金额
负责人		入库经手人		合计	

72-1.

销　售　出　库　单

购货单位：　　　　　　　　2015 年　月 日　　　　　　　　编号：00001

货物或应税劳务名称	规格型号	单位	数量	单价	金额	备注
	合　计					

记账：　　　　　　　　发货：　　　　　　　　保管：

72-2.

销　售　出　库　单

购货单位：　　　　　　　　2015 年　月　日　　　　　　　　编号：00002

货物或应税劳务名称	规格型号	单位	数量	单价	金额	备注
	合　计					

记账：　　　　　　　　发货：　　　　　　　　保管：

72-3.

销 售 出 库 单

购货单位：　　　　　　　　2015 年　月　日　　　　　　　　编号：00003

货物或应税劳务名称	规格型号	单位	数量	单价	金额	备注
合　　计						

记账：　　　　　　　　发货：　　　　　　　　保管：

72-4.

销 售 出 库 单

购货单位：　　　　　　　　2015 年　月　日　　　　　　　　编号：00004

货物或应税劳务名称	规格型号	单位	数量	单价	金额	备注
合　　计						

记账：　　　　　　　　发货：　　　　　　　　保管：

73.

应交增值税计算表

　　　　　　　　年　月　日　　　　　　　　单位：元

项目	当期销项税额	当期进项税额	当期进项税额转出	当期应交增值税
金额				

74.

城建税和教育费附加计算表

年 月 日 单位：元

项目	计税依据	比例	金额
应交城建税			
应交教育费附加			
合计			

75.

中华人民共和国
税收通用缴款书

填发日期 年 月 日

注册类型：有限责任公司

缴费单位	代码			预算科目	编码	
	全称				名称	
	开户银行				级次	
	账号			收缴国库		
税款所属时期				税款限缴日期 年 月 日		

品目名称	课税数量	计税金额或销售收入	税率或单位税额	已缴或扣除额	百	十	万	千	百	十	元	角	分

金额合计（大写） 佰 拾 万 仟 佰 元 角 分

缴款单位（人）（盖章）经办人（章）	税务机关（盖章）经办人（章）	上列款项已核收记入收款单位账户 国库（银行）盖章 年 月 日	备注

76-1.

损益类账户（收入收益类）

年 月 日 单位：元

账户名称	金额
合计	

76-2.

损益类账户（成本支出类）

年　月　日　　　　　　　　单位：元

账户名称	金额
合　计	

77.

应交所得税计算表

年　月　日　　　　　　　　单位：元

项目	金额	备注
利润总额		
调整项目		
应纳税所得额		
所得税税率		
应交所得税税额		

78.

提取盈余公积计算表

年　月　日　　　　　　　　单位：元

项目	税后净利润	提取比例	提取额
法定盈余公积			
任意盈余公积			
合计			

79.

应付利润计算表

年　月　日　　　　　　　　单位：元

项目	金额
净利润	
减：弥补以前年度亏损	
提取法定盈余公积	
加：年初未分配利润	
盈余公积补亏	
可供投资者分配的利润	
应付给投资者的利润	

4.7 记账凭证

记账凭证

出纳编号：　　　　　　　　　　　　年　月　日　　　　　　　　　制单编号：

对方单位	摘要	借方符号		贷方符号		金额										记账
		总账科目	明细科目	总账科目	明细科目	千	百	十	万	千	百	十	元	角	分	

结算方式及票号：　　　　　　金额合计

会计主管		记账	稽核	出纳	制单	领(缴)款人

附凭证　　　张

4.8 科目汇总表及试算平衡表

科目汇总表

会计科目	本期发生额	
	借方	贷方

试算平衡表

会计科目	期初余额		本期发生额		期末余额	
	借方	贷方	借方	贷方	借方	贷方

4.9 总账、日记账、明细账及财务报表

总　　账

会计科目

年		凭证号数	摘要	借方											贷方											借或贷	余额										
月	日			亿	千	百	十	万	千	百	十	元	角	分	亿	千	百	十	万	千	百	十	元	角	分		亿	千	百	十	万	千	百	十	元	角	分

现金日记账

年		记账凭单号数	摘要	借方											贷方										核对号	余额										
月	日			亿	千	百	十	万	千	百	十	元	角	分	亿	千	百	十	万	千	百	十	元	角	分		亿	千	百	十	万	千	百	十	元	角	分

银行存款日记账

年		记账凭单号数	摘要	借方											贷方										核对号	余额										
月	日			亿	千	百	十	万	千	百	十	元	角	分	亿	千	百	十	万	千	百	十	元	角	分		亿	千	百	十	万	千	百	十	元	角	分

明细账

会计科目

年		凭证号数	摘要	借方											贷方										借或贷	余额										
月	日			亿	千	百	十	万	千	百	十	元	角	分	亿	千	百	十	万	千	百	十	元	角	分		亿	千	百	十	万	千	百	十	元	角	分

明细账

类　　　种　　　品　　　品名　　　单位

年		凭证		摘要	借方			贷方			余额		
月	日	字	号		数量	单价	金额	数量	单价	金额	数量	单价	金额

资产负债表

会企01表

编表单位：　　　　　　　　　　　　　年　月　　　　　　　　　　　　单位：元

资产	期末余额	年初余额	负债和所有者权益	期末余额	年初余额
流动资产：			流动负债：		
货币资金			短期借款		
交易性金融资产			交易性金融负债		
应收票据			应付票据		
应收账款			应付账款		
预付款项			预收账款		
应收利息			应付职工薪酬		

(续表)

资产	期末余额	年初余额	负债和所有者权益	期末余额	年初余额
应收股利			应交税金		
其他应收款			应付利息		
存货			应付股利		
一年内到期的非流动性资产			其他应付款		
流动资产合计			一年内到期的非流动负债		
非流动性资产：			流动负债合计		
可供出售金融资产			非流动负债：		
持有至到期投资			长期借款		
长期应收款			应付债券		
长期股权投资			长期应付款		
投资性房地产			专项应付款		
固定资产			预计负债		
在建工程			递延所得税负债		
工程物资			其他非流动负债		
固定资产清理			非流动负债合计		
无形资产			负债合计		
开发支出			所有者权益		
商誉			实收资本		
长期待摊费用			资本公积		
递延所得税资产			减：库存股		
其他非流动资产			盈余公积		
非流动资产合计			未分配利润		
			所有者权益合计		
资产总计			负债和所有者权益总计		

利润表

会企02表

编表单位：　　　　　　　　　　　年　月　　　　　　　　　　单位：元

项目	行次	本期金额	上期金额
一、营业收入	(略)		
减：营业成本			
营业税金及附加			
销售费用			
管理费用			
财务费用(收益以"-"号填列)			
资产减值损失			
加：公允价值变动净收益(净损失以"-"号填列)			

(续表)

项目	行次	本期金额	上期金额
投资收益			
二、营业利润(亏损以"-"号填列)			
加：营业外收入			
减：营业外支出			
其中：非流动资产处置净损失(净收益以"-"号填列)			
三、利润总额			
减：所得税			
四、净利润			

第5章 税款的申报与缴纳

5.1 企业税负及其申报概述

5.1.1 我国现行税法体系

税法体系是指不同税收法律规范相互联系构成的统一整体，各个法律部门内部也要形成由基本法律和一系列法规、实施细则构成的完备结构。我国现行的税法体系依据税法调整对象的不同，可以分为税收实体法体系与税收程序法体系。

1. 税收实体法体系

我国现有的税种，除企业所得税、个人所得税是以国家法律形式发布实施外，其他税种都是经全国人大授权立法，由国务院以暂行条例的形式发布实施。这些税收法律、法规组成了我国的税收实体法体系，如表5-1所示。

表5-1 我国现行的税收实体法体系

税种分类	税种名称	作用
流转税类 (商品和劳务税)	增值税 消费税 关税	主要在生产、流通和服务领域发挥调节作用
所得税	企业所得税 个人所得税	主要是在国民收入形成后，对生产经营者的利润和个人的纯收入发挥调节作用
资源税类	资源税 土地增值税 城镇土地使用税	主要是对因开发和利用自然资源差异而形成的级差收入发挥调节作用
财产和行为税	房产税 车船税 印花税 契税	主要是对某些财产和行为发挥调节作用
特定目的税	城市维护建设税 车辆购置税 耕地占用税 船舶吨税 烟叶税	主要是为了达到特定目的，对特定对象和特定行为发挥调节作用

2. 税收程序法体系

我国税收程序法体系主要由《中华人民共和国税收征收管理法》(以下简称《税收征收管理法》)、《中华人民共和国海关法》(以下简称《海关法》)及《中华人民共和国进出口关税条例》(以下简称《进出口关税条例》)组成。

(1)《税收征收管理法》主要适用于税务机关负责征收的税种的征收管理。

(2)《海关法》及《进出口关税条例》主要适用于海关机关负责征收的税种的征收管理。

5.1.2　税务登记

税务登记是指税务机关根据税法规定，对纳税人的生产、经营活动进行登记管理的一项法定制度，也是纳税人依法履行纳税义务的法定手续。企业在外地设立的分支机构和从事生产、经营的场所，个体工商户和从事生产、经营的事业单位，均应当按照《税收征收管理法》及《中华人民共和国税收征收管理法实施细则》(以下简称《实施细则》)和《税务登记管理办法》的规定办理税务登记。国家机关、个人和无固定生产、经营场所的流动性农村小商贩，不需要进行税务登记。根据税收法律、行政法规的规定负有扣缴税款义务的扣缴义务人(国家机关除外)，应当按照《税收征收管理法》及《实施细则》和《税务登记管理办法》的规定办理扣缴税款登记。县以上(含本级)国家税务局(分局)、地方税务局(分局)是税务登记的主管税务机关，负责税务登记的设立登记、变更登记、注销登记，税务登记证验证、换证以及非正常户处理、报验登记等有关事项。税务登记证件包括税务登记证及其副本、临时税务登记证及其副本。扣缴税款登记证件包括扣缴税款登记证及其副本。

税务登记主要分为设立登记，变更登记，停业、复业登记，注销登记。

1. 设立登记

企业及其在外地设立的分支机构和从事生产经营的场所，个体工商户和从事生产、经营的事业单位(以下统称从事生产、经营的纳税人)，向生产经营所在地税务机关申报办理税务登记。

1) 设立登记的时限

从事生产、经营的纳税人应当自领取营业执照之日起30日内，向生产、经营地或者纳税义务发生地的主管税务机关申报办理税务登记，如实填写税务登记表，并按照税务机关的要求提供有关证件、资料。

从事生产、经营的纳税人未办理工商营业执照但经有关部门批准设立的，应当自有关部门批准设立之日起30日内申报办理税务登记，税务机关发放税务登记证及副本。

从事生产、经营的纳税人未办理工商营业执照也未经有关部门批准设立的，应当自纳税义务发生之日起30日内申报办理税务登记，税务机关发放临时税务登记证及副本。

2) 设立登记的流程

设立登记的流程分为传统流程和网上预约申请流程。

(1) 传统流程。具体包括以下几个步骤。

第一步：企业财务人员到办税服务厅提交书面申请，并提供相应的证件和资料。具体包括：①工商营业执照或其他核准执业证件；②有关合同、章程、协议书；③组织机构统一代码证书；④法定代表人或负责人或业主的居民身份证、护照或者其他合法证件；⑤其他需要提供的有关证件、资料，由省、自治区、直辖市税务机关确定。

第二步：纳税人领取并填写"税务登记表"(如表5-2所示)。

表5-2 税务登记表

(适用单位纳税人)

国税档案号码：　　　　　填表日期：　　　　纳税人识别号：

地税计算机代码		纳税人名称		
登记注册类型		批准设立机关		
组织机构代码		批准设立证明或文件号		
开业(设立)日期	生产经营期限	证照名称		证照号码
注册地址		邮政编码		联系电话
生产经营地址		邮政编码		联系电话
核算方式	请选择对应项目打"√" □独立核算 □非独立核算		从业人数	其中外籍人数
单位性质	请选择对应项目打"√" □企业 □事业单位 □社会团体 □民办非企业单位 □其他			
网站网址		国标行业	□□□□ □□□□ □□□□ □□□□	
适用会计制度	请选择对应项目打"√" □企业会计制度 □小企业会计制度 □金融企业会计制度 □行政事业单位会计制度			
经营范围	请将法定代表人(负责人)身份证件复印件粘贴在此处			

项目内容 联系人	姓名	身份证件		固定电话	移动电话	电子邮箱
		种类	号码			
法定代表人(负责人)						
财务负责人						
办税人						
税务代理人名称	纳税人识别号			联系电话		电子邮箱

(续表)

注册资本或投资总额(人民币)	币种	金额	币种	金额	币种	金额

投资方名称	投资方经济性质	投资比例	证件种类	证件号码		国籍或地址

自然人投资比例		外资投资比例		国有投资比例		

分支机构名称	注册地址		纳税人识别号	

总机构名称		纳税人识别号	
注册地址		经营范围	

法定代表人姓名		联系电话	注册地址邮政编码	

代扣代缴、代收代缴税款业务情况	代扣代缴、代收代缴税款业务内容	代扣代缴、代收代缴税种

附报资料:

经办人签章:	法定代表人(负责人)签章:	纳税人公章:
年 月 日	年 月 日	年 月 日

第三步：办税人员核对资料(如表5-3所示)。

表5-3　税务登记表(适用单位纳税人)

以下由税务机关填写：

纳税人所处街乡			隶属关系	
国税主管税务局		国税主管税务所(科)	是否属于国税、	
地税主管税务局		地税主管税务所(科)	地税共管户	
经办人(签章)： 国税经办人： 地税经办人： 受理日期： 　年　月　日		国家税务登记机关 (税务登记专用章)： 核准日期： 　年　月　日 国税主管税务机关：	地方税务登记机关 (税务登记专用章)： 核准日期： 　年　月　日 地税主管税务机关：	
国税核发《税务登记证副本》数量：　本　发证日期：　年　月　日				
地税核发《税务登记证副本》数量：　本　发证日期：　年　月　日				

国家税务总局监制

第四步：税务机关打印并发放税务登记证书。

(2) 网上预约申请流程。纳税人可以通过"网上办税"提前预约并填写相关资料，再到办税窗口提出申请，待工作人员核对之后，即可领取新证。

网上预约申请需要先到主管税务机关网站上注册，获取登录密码后，登录进入并填写相关的税务登记表及其他资料。税务机关对纳税人填写的资料进行预审核。通知纳税人通过预审核后，纳税人按规定日期上门提交正式资料，即可领取税务登记证件。网上预约申请办理税务登记，可避免长久排队等候，大大节省了纳税人办理税务登记的时间。网上预约申请设立登记流程如图5-1所示。

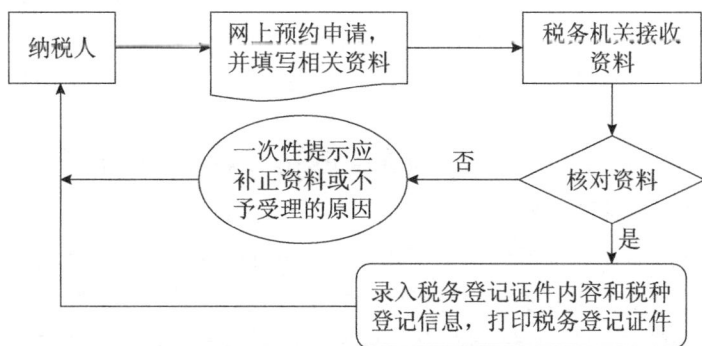

图5-1　网上预约申请设立登记流程

2. 变更登记

纳税人税务登记的项目，如纳税人名称、法定代表人、经济性质或经济类型、住所和经营地点(不涉及主管税务机关变动的)、生产经营或经营方式、注册资金、隶属关系等发生变更时，应自工商行政管理机关或其他机关办理变更登记之日起30日内，持有关证件向原税务登记机关提交变更登记申请，领取并填写"税务登记变更表"，如涉及税种变更时，应同时领取并填写"纳税人税种登记表"，向主管税务机关申请变更税务登记。

3. 停业、复业登记

停业、复业登记只适用于实行定期、定额(简称双定)征收方式缴纳税款的纳税人。双定纳税人在营业执照核准的经营期限内需停业时，应在停业前向税务机关提出停业申请，其停业期限不得超过一年。停业期满复业的，应在复业前向税务机关提出复业申请。查账征收的纳税人不予办理停业、复业登记，其在核定的纳税期内如果无经营收入或其他收入，应办理零申报。

4. 注销登记

纳税人如发生因经营期限届满而自动解散，由于改组、分级、合并等原因而被撤销，因资不抵债而破产，纳税人住所、经营地址迁移而涉及改变原主管税务机关，纳税人被工商行政管理部门吊销营业执照等情形，依法中止履行纳税义务时，应当在向工商行政管理机关办理注销登记前，持有关证件向原税务登记机关申报办理注销税务登记。

5.1.3 纳税申报

纳税人和扣缴义务人按照税法规定，分别核算应缴纳和应扣缴的税额，按照税法规定的期限，向税务机关提交有关纳税事项书面报告，履行纳税义务。

1. 纳税申报的方式

纳税人、扣缴义务人可以直接到税务机关办理纳税申报或者报送代扣代缴、代收代缴税款报告表，也可以按照规定采取数据电文、邮寄等纳税申报方式进行纳税申报。

(1) 直接申报。直接申报即纳税人自行到税务机关的办税服务厅窗口办理纳税申报。直接申报是一种传统的申报方式，随着互联网和电子信息技术的不断发展，直接申报方式将逐渐被网上申报所取代。

(2) 数据电文申报。数据电文申报即以规定的电子数据交换和网络传输等方式进行纳税申报，俗称"网上申报"。

(3) 邮寄申报。邮寄申报即纳税人使用统一规定的纳税申报特快专递专用信封，通过邮政部门办理交寄手续，向税务机关进行纳税申报。采用这种方式需要注意的是，纳税人采取邮寄方式办理纳税申报的，应当使用统一的纳税申报专用信封，并以邮政部门收据作为申报凭据。邮寄申报以寄出的邮戳日期为实际申报日期。这种申报方式在实务中比较少用。

2. 纳税申报需要报送的资料

纳税人办理纳税申报时，应当如实填写纳税申报表，并根据不同的情况相应报送下列有关证件、资料。

(1) 财务报表及其说明材料。

(2) 与纳税有关的合同、协议书及凭证。

(3) 税控装置的电子报税资料。

(4) 外出经营活动税收管理证明和异地完税凭证。

(5) 境内或者境外公证机构出具的有关证明文件。

(6) 税务机关规定应当报送的其他有关证件、资料。

扣缴义务人办理代扣代缴、代收代缴税款报告时，应当如实填写代扣代缴、代收代缴税款报告表，并报送代扣代缴、代收代缴税款的合法凭证以及税务机关规定的其他有关证件、资料。

3. 零申报和延期申报

(1) 零申报。纳税人在纳税期内没有应纳税款的，也应当按照规定办理纳税申报，实务中称为"零申报"。纳税人享受减税、免税待遇的，在减税、免税期间应当按照规定办理纳税申报。

(2) 延期申报。纳税人因有特殊情况，不能按期进行纳税申报的，应当在规定的期限内向税务机关提出书面延期申请，经县以上税务机关核准，可以延期申报。

纳税人、扣缴义务人因不可抗力，不能按期办理纳税申报或者报送代扣代缴、代收代缴税款报告表的，可以延期办理，但应当在不可抗力情形消除后立即向税务机关报告。

经核准延期办理纳税申报的，应当在纳税期内按照上期实际缴纳的税额或者税务机关核定的税额预缴税款，并在核准的延期内办理纳税结算。

5.2 流转税的申报与缴纳

5.2.1 增值税的申报与缴纳

增值税一般纳税人应依照税收法律法规及相关规定确定的申报期限、申报内容申报缴纳增值税。

1. 报送资料

在具体的报送资料中，纳税申报表及其附列资料为必报资料，纳税申报其他资料的报备要求由各省、自治区、直辖市和计划单列市国家税务局确定。

1) 纳税申报表及其附列资料

在纳税申报时，应报送"增值税纳税申报表"(一般纳税人适用)及附列资料各3份。

2) 纳税申报其他资料

(1) 符合抵扣条件且在本期申报抵扣的防伪税控增值税专用发票、货物运输业增值税专用发票、税控机动车销售统一发票的抵扣联。

(2) 符合抵扣条件且在本期申报抵扣的"海关进口增值税专用缴款书"、购进农产品取得的普通发票的复印件。

(3) 增值税一般纳税人进口货物取得属于增值税扣税范围的海关缴款书时，应报送"海关稽核结果通知书"。

(4) 部分行业试行农产品增值税进项税额核定扣除办法的一般纳税人，应报送"农产品核定扣除增值税进项税额计算表(汇总表)""投入产出法核定农产品增值税进项税额计算表""成本法核定农产品增值税进项税额计算表""购进农产品直接销售核定农产品增值税进项税额计算表""购进农产品用于生产经营且不构成货物实体核定农产品增值税进项税额计算表"。

(5) 符合抵扣条件且在本期申报抵扣的中华人民共和国税收缴款凭证及清单，以及书面合同、付款证明和境外单位的对账单或者发票。

(6) 已开具的农产品收购凭证存根联或报查联。

(7) 纳税人提供应税服务，在确定应税服务销售额时，按照有关规定从取得的全部价款和价外费用中扣除价款的合法凭证及清单。

(8) 从事成品油销售业务的一般纳税人，应报送"成品油购销存情况明细表"、加油IC卡、"成品油购销存数量明细表"。

(9) 辅导期的一般纳税人，应报送"稽核结果比对通知书"。

(10) 从事机动车生产的一般纳税人，应报送"机动车辆生产企业销售明细表""机动车辆销售统一发票清单"及电子信息；每年第一个增值税纳税申报期，应报送上一年度"机动车辆生产企业销售情况统计表"。

(11) 从事机动车销售的一般纳税人，应报送"机动车辆经销企业销售明细表""机动车辆销售统一发票清单"及电子信息。

(12) 采用预缴方式缴纳增值税的发电、供电企业，应报送"电力企业增值税销项税额和进项税额传递单"。

(13) 各类汇总纳税企业，应报送分支机构增值税汇总纳税信息传递单。

(14) 从事轮胎、酒精、摩托车等产品生产的一般纳税人，应报送"部分产品销售统计表"。

(15) 申请跨境应税服务免征增值税应报送"跨境应税服务免税备案表"，同时报送以下资料。

① 跨境服务合同原件及复印件。

② 工程、矿产资源在境外的工程勘察勘探服务，会议展览地点在境外的会议展览服务，存储地点在境外的仓储服务，标的物在境外使用的有形动产租赁服务，在境外提供的广播影视节目(作品)发行、播映服务，广告投放地在境外的广告服务，以上服务提交服务地点在境外的证明材料原件及复印件。

③ 跨境服务中的国际运输或者我国港澳台运输服务，应提交实际发生相关业务的证明材料。

④ 向境外单位提供跨境服务，应提交服务接受方机构所在地在境外的证明材料。

⑤ 各省、自治区、直辖市和计划单列市国家税务局要求提交的其他资料。

(16) "增值税减免税申报明细表"由享受增值税减免税优惠政策的增值税一般纳税人

在办理增值税纳税申报时填报。

(17) 省税务机关规定的其他资料。

2. 基本流程

具体的申报流程如图5-2所示。

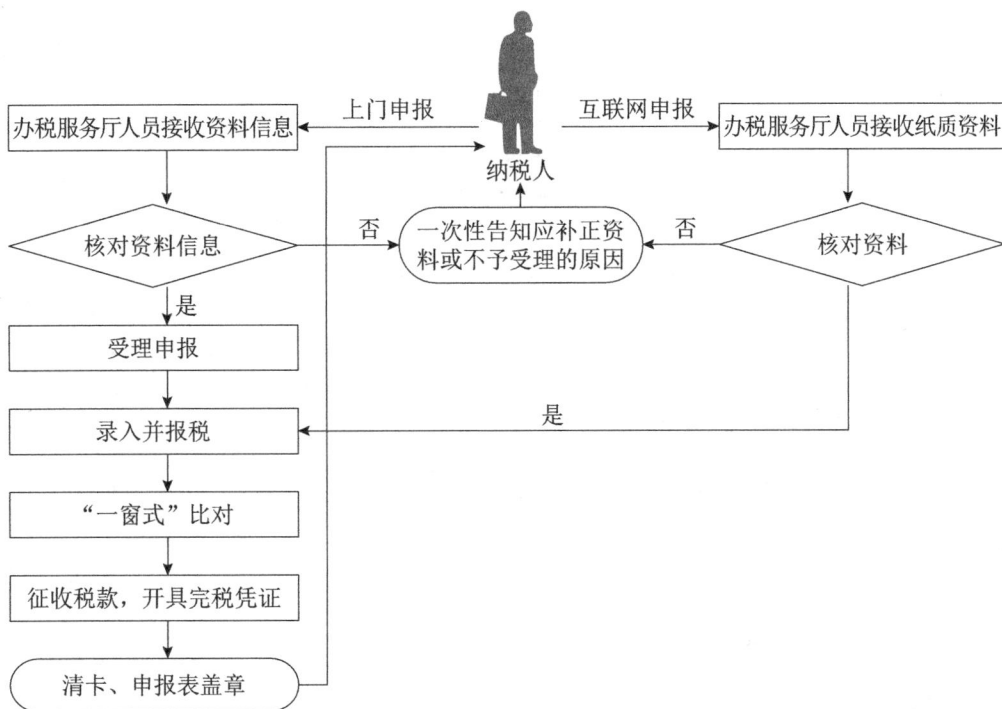

图5-2 增值税的申报流程

3. 基本规范

(1) 办税服务厅人员接收纳税人提交的申报资料信息或纳税人通过互联网络申报后提交的纸质资料，核对资料信息是否齐全、是否符合法定形式、填写内容是否完整、是否与税收优惠备案审批信息一致。符合的，即时办结；不符合的，当场一次性告知应补正资料或不予受理的原因。

(2) 为纳税人提供申报纳税办理指引，辅导纳税人申报纳税，提示纳税人填报税收优惠栏目。

(3) 录入申报信息，为使用防伪税控的纳税人报税。

(4) 进行"一窗式"比对。

(5) 纳税人可通过财税库银电子缴税系统或银行卡(POS机)等方式缴纳税款，办税服务厅应按规定开具完税凭证。

(6) 办税服务厅人员在"增值税纳税申报表"(一般纳税人适用)(如表5-4和表5-5所示)上签名并加盖业务专用章后，一份返还纳税人，一份作为资料归档，一份作为税收会计核算的原始凭证。

(7) 在办税服务厅或商业密集区提供自助办税设备。

表5-4 增值税纳税申报表

(适用于增值税一般纳税人)

填表日期： 年 月 日　　　　　　申报日期： 年 月 日

税款所属期： 年 月 日 至 年 月 日　　　　　　金额单位：元(列至角分)

纳税人名称			纳税人识别号		法人姓名	
注册地址						
营业地址						
开户银行			银行账号		所属行业	纺织业(行业代码1700)

项目		栏次	一般货物及劳务		即征即退货物及劳务	
			本月数	本年累计	本月数	本年累计
销售额	(一) 按适用税率征税货物及劳务销售额	1				
	其中：应税货物销售额	2				
	应税劳务销售额	3				
	纳税检查调整的销售额	4				
	(二) 按简易征收办法征税货物销售额	5				
	其中：纳税检查调整的销售额	6				
	(三) 实行免、抵、退税办法的出口货物销售额	7				
	(四) 免税货物及劳务销售额	8				
	其中：免税货物销售额	9				
	免税劳务销售额	10				
税款计算	销项税额	11				
	进项税额	12				
	上期留抵税额	13				
	进项税额转出	14				
	免抵退货物应退税额	15				
	按适用税率计算的纳税检查应补缴税额	16				
	应抵扣税额合计	17=12+13-14-15+16				
	实际抵扣税额	18(如17<11=17,否则=11)				
	应纳税额	19=11-18				
	期末留抵税额	20=17-18				
	按简易征收办法计算的应纳税额	21				
	按简易征收办法计算的纳税检查应补缴税额	22				
	应纳税额减征额	23				
	应纳税额合计	24=19+21-23				

(续表)

项目	栏次			
期初未缴税额(多缴为负数)	25			
实收出口开具专用缴款书退税额	26			
本期已缴税额	27=28+29+30+31			
(1) 分次预缴税额	28			
(2) 出口开具专用缴款书退税额	29			
(3) 本期缴纳上期应纳税额	30			
(4) 本期缴纳欠缴税额	31			
期末未缴税额(多缴为负数)	32=24+25+26−27			
其中：欠缴税额(≥0)	33=25+26−27			
本期应补(退)税额	34=24−28−29			
即征即退实际退税额	35			
期初未缴查补税额	36			
本期入库查补税额	37			
期末未缴查补税额	38=16+22+36−37			
授权人			声明人	

注：左侧纵排"税款缴纳"

表5-5　增值税纳税申报表

增值税纳税申报表附列材料(表二)

(本期进项税额明细)

所属时间：　年　月

纳税人名称：　　　　　填表日期：　年　月　日　　　金额单位：元(列至角分)

一、申报抵扣的进项税额

项目	栏次	份数	金额	税额
(一) 认证相符的防伪税控增值税专用发票	1=2+3			
其中：本期认证相符且本期申报抵扣	2			
前期认证相符且本期申报抵扣	3			
(二) 非防伪税控增值税专用发票及其他扣税凭证	4=5+6+..+10			
其中：海关进口增值税专用缴款书	5			
农产品收购发票或者销售发票	6			
废旧物资发票	7			
运输费用结算单据	8			
6%征收率	9			
4%征收率	10			
(三) 外贸企业进项税额抵扣证明	11			
当期申报抵扣进项税额合计	12=1+4+11			

二、进项税额转出额

项目	栏次	份数	金额	税额
本期进项税转出额	13=14+...+21			
其中：免税货物用	14			
非应税项目、集体福利、个人消费用	15			
非正常损失	16			

(续表)

按简易办法征税货物用	17			
按免抵退税办法出口货物不得抵扣进项税额	18			
纳税检查调减进项税额	19			
未经认证已抵扣的进项税额	20			
红字专用发票通知单注明的进项税额	21			

三、待抵扣进项税额

项目	栏次	份数	金额	税额
(一)认证相符的防伪税控增值税专用发票	22			
期初已认证相符但未申报抵扣	23			
本期认证相符且本期未抵扣申报	24			
期末已认证相符但未申报抵扣	25=23+24-3			
其中：按照税法规定不允许抵扣	26			
(二)非防伪税控增值税专用发票及其他扣税凭证	27=28+…+34			
其中：海关进口增值税专用缴款书	28			
农产品收购发票或者销售发票	29			
废旧物资发票	30			
运输费用结算单据	31			
6%征收率	32			
4%征收率	33			
	34			

四、其他

项目	栏次	份数	金额	税额
本期认证相符的全部防伪税控增值税专用发票	35			
期初已征税款挂账额	36			
期初已征税款余额	37			
代扣代缴税额	38			

5.2.2 消费税的申报与缴纳

消费税是针对消费品和特定的消费行为按消费流转额征收的一种流转税。

1. 消费税的征收范围

消费税的征税范围包括生产应税消费品、委托加工应税消费品、进口应税消费品和销售应税消费品。其中，销售应税消费品，现阶段仅指批发卷烟以及零售金银首饰、钻石和钻石饰品。

(1) 生产应税消费品。生产应税消费品销售是消费税征收的主要环节，因消费税具有单一环节征税的特点，在生产销售环节征税以后，后续流通环节一般不用再缴纳消费税。

生产应税消费品除了直接对外销售应征收消费税外，纳税人用生产的应税消费品换取生产资料、消费资料、投资入股、偿还债务，以及用于继续生产应税消费品以外的其他方面都应缴纳消费税。

工业企业以外的单位和个人的下列行为视为应税消费品的生产行为，按规定征收消费税：将外购的消费税非应税产品以消费税应税产品对外销售的；将外购的消费税低税率应税产品以高税率应税产品对外销售的。

(2) 委托加工应税消费品。委托加工应税消费品，属于消费税的征税范围，由受托方代收代缴消费税。由受托方提供原材料和其他情形的，一律不属于委托加工应税消费品纳税，而是作为自行生产应税消费品销售纳税。

(3) 进口应税消费品。进口环节的消费税由海关代征。

(4) 销售应税消费品。包括：批发卷烟，自2009年5月1日起，在卷烟批发环节加征消费税。零售金银首饰、钻石及钻石饰品，自1995年1月1日起，金银首饰消费税的征税环节改为零售环节。改为零售环节征收消费税的金银首饰范围仅限于：金、银和金基、银基合金首饰，以及金、银和金基、银基合金的镶嵌首饰。不属于上述范围的应征消费税的首饰，仍在生产销售环节征收消费税。自2002年1月1日起，对钻石及钻石饰品消费税的征税环节由生产环节、进口环节移至零售环节。

2. 消费税的征收管理

1) 消费税纳税义务发生时间

消费税纳税义务发生时间分为以下几种情况。

(1) 生产应税消费品纳税义务发生时间。纳税人生产的应税消费品，于纳税人销售时纳税。按不同的销售结算方式分别为：采取赊销和分期收款结算方式的，为书面合同约定的收款日期的当天；书面合同没有约定收款日期或者无书面合同的，为发出应税消费品的当天。采取预收货款结算方式的，为发出应税消费品的当天。采取托收承付和委托银行收款方式的，为发出应税消费品并办妥托收手续的当天。采取其他结算方式的，为收讫销售款或者取得索取销售款凭据的当天。纳税人自产自用的应税消费品，用于连续生产应税消费品的，不纳税；用于其他方面的，于移送使用时纳税，其纳税义务发生时间为移送使用的当天。

(2) 委托加工应税消费品纳税义务发生时间。委托加工的应税消费品，除受托方为个人外，由受托方在向委托方交货时代收代缴税款，其纳税义务发生时间为纳税人提货的当天。

(3) 进口应税消费品纳税义务发生时间。进口的应税消费品于报关进口时纳税，其纳税义务发生时间为报关进口的当天。

(4) 销售(批发和零售)应税消费品纳税义务发生时间。纳税人(批发企业)应将卷烟销售额与其他商品销售额分开核算，未分开核算的，一并征收消费税。纳税人(批发企业)之间销售的卷烟不缴纳消费税。纳税人(批发企业)销售给纳税人(批发企业)以外的单位和个人的卷烟于销售时纳税，其纳税义务发生时间为纳税人收讫销售款或者取得索取销售款凭据的当天。金银首饰改在零售环节征收消费税。纳税人零售的金银首饰(含以旧换新)，于销售时纳税；用于馈赠、赞助、集资、广告、样品、职工福利、奖励等方面的金银首饰，于移送时纳税；带料加工、翻新改制的金银首饰，于受托方交货时纳税。

2) 消费税纳税期限

消费税的纳税期限分别为1日、3日、5日、10日、15日、1个月或者1个季度。纳税人以1个月或以1个季度为期纳税的，自期满之日起15日内申报纳税；以1日、3日、5日、10日或者15日为期纳税的，自期满之日起5日内预缴税款，于次月1日起至15日内申报纳税并结清上月应纳税款。

纳税人进口应税消费品，应当自海关填发海关进口消费税专用缴款书之日起15日内缴纳税款。

三大流转税的纳税期限基本相同，进口货物(应税消费品)，其增值税和消费税的纳税期限为海关填发进口增值税(消费税)专用缴款书之日起15日内缴纳税款。一般销售货物，提供劳务、服务的流转税纳税期限可以归纳为以下两类，见表5-6。

表5-6　提供劳务、服务的流转税纳税期限

按月或按季度纳税	自期满之日起15日内申报纳税
按固定期间(日)纳税	自期满之日起5日内预缴税款，于次月1日起至15日内申报纳税并结清上月应纳税款

5.2.3　关税的申报与缴纳

关税由海关负责征收和管理，除此之外，进出口环节的增值税、消费税也是由海关代为征收和管理的。

1. 关税的征收范围

关税的征税范围是进出境的货物和物品。"境"是指关境，一般情况下，一个国家的关境与国境是一致的。但是当两个或两个以上国家结成关税同盟后，各成员国各自的关境不再存在，将会形成同盟的共同关境。关税同盟的关境就是每一个成员国的关境，此时各成员国的关境大于其国境，例如欧洲联盟。当一个国家在其国境内设立保税区、保税仓库、自由港、自由区等区域，这些区域就进出口关税而言属于关境之外，此时关境就会小于其国境。"货物和物品"是指有形的货物和物品，包括贸易型商品和入境旅客随身携带的行李物品、邮递物品等。无形资产不属于关税的征税范围；不动产无法移动，同样也不属于关税的征税范围。

其他税收的主要征税机关是税务机关，而关税的征收机关是海关。

2. 关税的征收管理

进口货物的，运输工具申报进境之日为纳税义务发生时间；出口货物的，除海关特准之外，以货物运抵海关监管区后的装货之日为纳税义务发生时间。

进口货物的收货人应当自运输工具申报进境之日起14日内，出口货物的发货人应当在货物运抵海关监管区、装货的2小时以前向海关申报，最后一天为法定节假日的应顺延。海关根据税则归类和完税价格计算应缴纳的关税和进口环节代征税，并填发税款缴款书。

纳税义务人应当自海关填发税款缴款书之日起15日内，向指定银行缴纳税款。

3. 关税的申报

(1) 进口关税申报流程见图5-3。

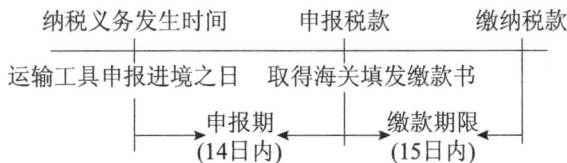

图5-3 进口关税申报流程

(2) 出口关税申报流程见图5-4。

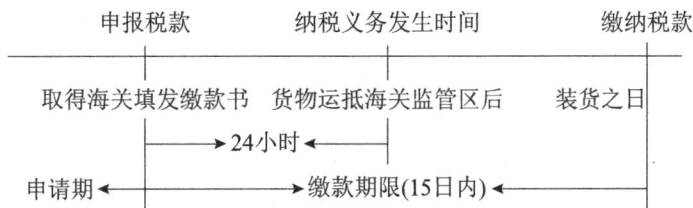

图5-4 出口关税申报流程

纳税义务人因不可抗力或者国家税收政策调整不能按期缴纳税款的,应当在货物进出口前向办理进出口申报纳税手续的海关所在的直属海关提出延期缴纳税款的书面申请并随附相关材料,同时还应当提供缴税计划。

延期缴纳税款的期限,自货物放行之日起最长不超过6个月。

5.3 企业所得税的申报与缴纳

▌ 5.3.1 企业所得税概述

企业所得税是指对中华人民共和国境内的企业(居民企业及非居民企业)和其他取得收入的组织以其生产经营所得为课税对象所征收的一种所得税。

《中华人民共和国企业所得税法》(以下简称《企业所得税法》)规定,企业所得税的应纳税所得为企业每一纳税年度的收入总额减除不征税收入、免税收入、各项扣除以及允许弥补的以前年度亏损后的余额。企业按纳税年度计算应纳税所得,分月或者分季预缴,年终汇算清缴。

企业所得税是按每一个纳税年度计算应纳税所得额,其实质是按年度征收的税种。理论上,只有一个纳税年度终了后一段时间才能准确核算出全年的应纳税所得。但在实际工作中,为保证税收收入及时、均衡入库,促进财政预算收支平衡,同时方便纳税人合理安排资金,避免一次性大额缴税影响纳税人的资金周转,税法规定了按月或按季预缴的政策,并于年度终了后5个月内办理年度汇算清缴。汇算清缴是指纳税人在纳税年度终了后规定时间内,依照税收法律、法规、规章及其他有关企业所得税的规定,自行计算全年应纳税所得额和应纳所得税额,根据月度或季度预缴的所得税数额,确定该年度应补或者应退税额，并填写年度企业所得税纳税申报表，向主管税务机关办理年度企业所得税纳税申报，提供税务机关要求提供的有关资料，结清全年企业所得税税款。

年度汇算清缴综合反映了纳税人在一个纳税年度中的整体情况，通过企业所得税年度纳税申报表反映出来。

1. 年度汇算清缴的基本规定

《企业所得税法》、《企业所得税法实施条例》、《国家税务总局关于印发〈企业所得税汇算清缴管理办法〉的通知》(国税发〔2009〕79号)、《国家税务总局关于印发〈非居民企业所得税汇算清缴管理办法〉的通知》(国税发〔2009〕6号)、《国家税务总局关于印发〈非居民企业所得税汇算清缴工作规程〉的通知》(国税发〔2009〕11号)等政策法规中，对企业所得税汇算清缴的相关规定归纳如下：企业所得税纳税人按照征收方式可以划分为查账征收及核定征收两类纳税人。查账征收纳税人适用A类的预缴及年度纳税申报表，核定征收纳税人适用B类的预缴及年度纳税申报表，两类纳税人同时适用清算企业所得税申报表。

2. 企业所得税纳税申报表体系

纳税申报是纳税人按照税收法律、法规、规章、规范性文件的规定，根据其生产经营核算的情况，向税务机关提交有关纳税事项的书面报告的法律行为。真实的、合法的纳税申报既是纳税人履行纳税义务的法定程序，也是税务机关确定纳税人法律责任的依据。因此，纳税申报表是真实反映纳税人生产经营情况和计算缴纳所得税情况的唯一有效载体，是税务机关依法征收企业所得税的基础，也是具有法律效力的文书。

2014年新版企业所得税纳税申报表延续了2008年版申报表的设计理念，在整体思路及具体事项填报方面均较为完整地体现了新《企业所得税法》的立法思想，并成为贯彻落实新《企业所得税法》及其实施条例的最终体现。

现行企业所得税申报表的体系划分如下所述。

按照纳税申报时间划分为月(季)度预缴申报表、年度纳税申报表、企业清算所得税申报表。按照不同的征收方式划分为查账征收企业适用的A类申报表，核定征收企业适用的B类申报表。

(1) 居民企业的季度、月份预缴申报表。"企业所得税月(季)度预缴纳税申报表(A类，2014年版)"，适用于查账征收的居民企业；"企业所得税汇总纳税分支机构所得税分配表(2014年版)"作为"企业所得税月(季)度预缴纳税申报表(A类，2014年版)"的附表，适用于查账征收企业中跨地区经营汇总纳税企业的总机构及分支机构；"企业所得税月(季)度预缴和年度纳税申报表(B类，2014年版)"，适用于核定征收的居民企业。

适用政策：《国家税务总局关于发布〈中华人民共和国企业所得税月(季)度预缴纳税申报表(2014年版)〉等报表的公告》(国家税务总局公告2014年第28号)。

(2) 非居民企业的季度、月份预缴申报表。"非居民企业所得税季度纳税申报表(A类)"，适用于查账征税的非居民纳税人；"非居民企业所得税季度纳税申报表(B类)"，适用于核定征税的非居民纳税人。

适用政策：《国家税务总局关于印发〈中华人民共和国非居民企业所得税申报表〉等

报表的通知》(国税函〔2008〕801号)。

3. 企业所得税年度纳税申报表

居民企业汇算清缴年度纳税申报表包括以下几种。

(1) "企业所得税年度纳税申报表(A类,2014年版)",适用于查账征收的居民企业。其中,跨地区经营汇总纳税企业只适用于总机构填报。本表包括"企业所得税汇总纳税分支机构所得税分配表"。

(2) "企业所得税月(季)度预缴和年度纳税申报表(B类,2014年版)",适用于核定征收的居民企业。

(3) "企业所得税月(季)度预缴纳税申报表(A类,2014年版)",适用于查账征收企业中跨地区经营汇总纳税企业的分支机构。

适用政策:《国家税务总局关于发布〈中华人民共和国企业所得税年度纳税申报表(A类,2014年版)〉的公告》(国家税务总局公告2014年第63号)。

5.3.2　居民企业所得税年度纳税申报

采用核定应税所得率方式征收企业所得税的纳税人,依照税收法律法规及相关规定确定的申报内容,在年度终了之日起5个月内或年度中间终止经营活动之日起60日内,向税务机关申报年度企业所得税,并办理汇算清缴,结清应缴应退税款。

1. 报送资料

(1) "中华人民共和国企业所得税月(季)度和年度纳税申报表(B类,2014年版)"3份。

(2) 适用《企业所得税法》第四十五条情形或者需要适用《特别纳税调整实施办法(试行)》第八十四条规定的居民企业,填报"受控外国企业信息报告表";纳入《企业所得税法》第二十四条规定抵免范围的外国企业或符合《企业所得税法》第四十五条规定的受控外国企业,应报送按照中国会计制度编报的年度独立财务报表。

2. 基本流程

居民企业所得税年度纳税申报基本流程见图5-5。

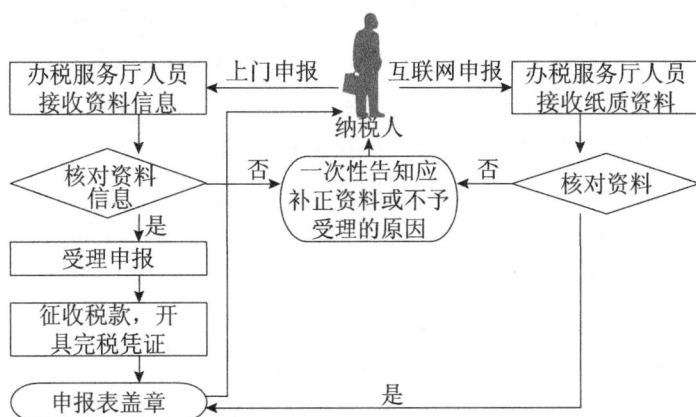

(资料来源:辽宁省地方税务局. http://www.lnsds.gov.cn.)

图5-5　居民企业所得税年度纳税申报流程

3. 基本规范

(1) 办税服务厅人员接收纳税人申报资料信息或纳税人通过互联网络申报后提交的纸质资料，核对资料信息是否齐全、是否符合法定形式、填写内容是否完整、是否与税收优惠备案审批信息一致。符合的，即时办结；不符合的，当场一次性告知应补正资料或不予受理的原因。

(2) 为纳税人提供申报纳税办理指引，辅导纳税人申报纳税，提示纳税人填写税收优惠栏目。

(3) 纳税人可通过财税库银电子缴税系统缴纳税款，办税服务厅人员应按规定开具税收票证。

(4) 办税服务厅人员在"中华人民共和国企业所得税月(季)度和年度纳税申报表(B类，2014年版)"上签名并加盖业务专用章，一份返还纳税人，一份作为资料归档，一份作为税收会计核算的原始凭证。

(5) 在办税服务厅或商业密集区提供自助办税设备。

5.3.3　自然人纳税人个人所得税自行纳税申报

有个人所得税自行纳税申报义务的自然人纳税人，依照税收法律法规及相关规定确定的申报期限、申报内容，向税务机关申报缴纳个人所得税。

1. 报送资料

(1) 从中华人民共和国境内两处或者两处以上取得工资薪金所得的，或者取得应纳税所得没有扣缴义务人的，或者符合国务院规定的其他情形的，应报送：

① "个人所得税自行纳税申报表(A表)" 3份。

② "个人所得税基础信息表(B表)" 3份，初次申报或在信息发生变更时填报。

③ 个人有效身份证件原件及复印件。

④ 其他能够证明纳税人收入、财产原值、相关税费的有关资料。

(2) 年所得12万元以上的，应报送：

① "个人所得税纳税申报表"(适用于年所得12万元以上的纳税人申报)3份。

② "个人所得税基础信息表(B表)" 3份，初次申报或在信息发生变更时填报。

③ 个人有效身份证件原件及复印件。

(3) 取得限售股转让所得已预扣预缴个人所得税款的，应报送：

① "限售股转让所得个人所得税清算申报表" 3份。

② "个人所得税基础信息表(B表)" 3份，初次申报或在信息发生变更时填报。

③ 加盖开户证券机构印章的交易明细记录。

④ 相关完整、真实的财产原值凭证。

⑤ 缴纳税款凭证或"税务代保管资金专用收据"。

⑥ 个人有效身份证件原件。

(4) 从境外取得所得的，应报送：

① "个人所得税自行纳税申报表(B表)" 3份。

② "个人所得税基础信息表(B表)" 3份，初次申报或在信息发生变更时填报。

③ 纳税义务人依照规定申请扣除已在境外缴纳的个人所得税税额时，应提供境外税务机关填发的税款缴纳凭证原件。

④ 个人有效身份证件原件及复印件。

⑤ 主管税务机关要求提供的其他资料。

(5) 个人将股权转让给其他个人或法人，属于《股权转让所得个人所得税管理办法(试行)》中规定情形的，应报送：

① "个人所得税自行纳税申报表(A表)" 3份。

② "个人所得税基础信息表(B表)" 3份。

③ 股权转让合同(协议)。

④ 股权转让双方身份证明。

⑤ 按规定需要进行资产评估的，需提供具有法定资质的中介机构出具的净资产或土地房产等资产价值评估报告。

⑥ 计税依据明显偏低但有正当理由的证明材料。

⑦ 主管税务机关要求报送的其他资料。

(6) "个人所得税减免税事项报告表"(纳税人、扣缴义务人纳税申报时存在减免个人所得税情形的，填报本表)。

(7) 非货币性资产投资个人所得税。已发生非货币性资产投资行为并取得被投资企业股权的，分以下情形报送资料。

① 纳税人非货币性资产投资需要分期缴纳个人所得税的，应报送：

● "非货币性资产投资分期缴纳个人所得税备案表"。

● 纳税人身份证明。

● 投资协议。

● 非货币性资产评估价格证明材料。

● 能够证明非货币性资产原值及合理税费的相关资料。

② 纳税人分期缴税期间提出变更原分期缴税计划的，应报送：

● "非货币性资产投资分期缴纳个人所得税备案表"。

③ 纳税人按分期缴税计划向主管税务机关办理纳税申报时，应报送：

● "个人所得税自行纳税申报表(A表)" 3份。

● 已在主管税务机关备案的 "非货币性资产投资分期缴纳个人所得税备案表"。

● 本期之前各期已缴纳个人所得税的完税凭证。

2. 基本流程

自然人纳税人个人所得税自行纳税申报流程见图5-6。

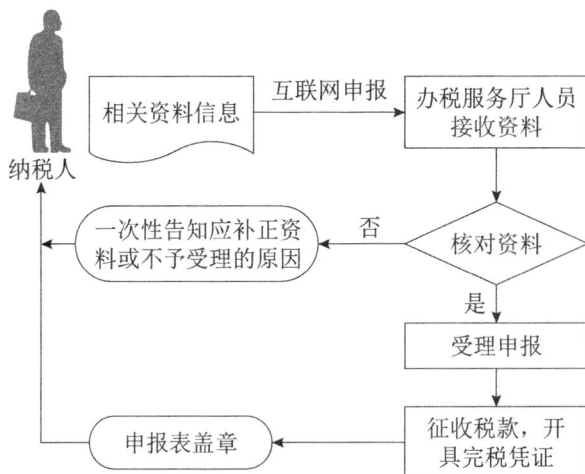

(资料来源：辽宁省地方税务局. http://www.lnsds.gov.cn.)

图5-6　自然人纳税人个人所得税自行纳税申报流程

3. 基本规范

(1) 办税服务厅人员接收纳税人提交的申报资料信息，核对资料信息是否齐全、是否符合法定形式、填写内容是否完整、是否与税收优惠备案审批信息一致。符合的，即时办结；不符合的，当场一次性告知应补正资料或不予受理的原因。

(2) 为纳税人提供申报纳税办理指引，辅导纳税人申报纳税，提示纳税人填写税收优惠栏目。

(3) 纳税人可通过财税库银电子缴税系统或现金等方式缴纳税款，办税服务厅人员应按规定开具税收票证。

(4) 办税服务厅人员在相应的纳税申报表上签名并加盖业务专用章，一份返还纳税人，一份作为资料归档，一份作为税收会计核算的原始凭证。

5.4　资源、财产和行为及特定目的税

5.4.1　城镇土地使用税申报

城镇土地使用税是资源税的一种。城镇土地使用税纳税人依照税收法律法规及相关规定确定的申报期限、申报内容，就其应税项目如实向税务机关申报缴纳城镇土地使用税。

1. 报送资料

(1) "城镇土地使用税纳税申报表" 3份。

(2) 首次申报或土地信息发生变更时，应报送 "城镇土地使用税税源明细表" 3份，同

时提供土地使用权证或购地合同、发票等证明土地使用权属的材料。

2. 基本流程

城镇土地使用税申报流程如图5-7所示。

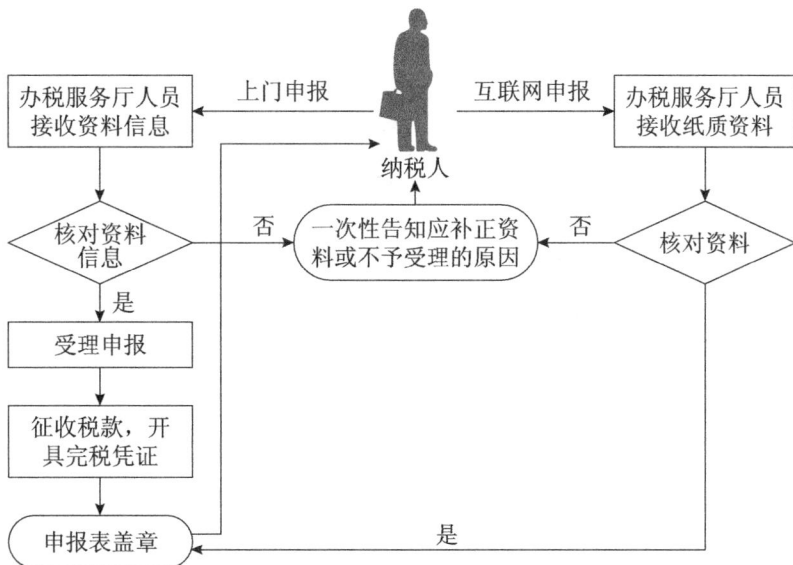

(资料来源：辽宁省地方税务局. http://www.lnsds.gov.cn.)

图5-7 城镇土地使用税申报流程

3. 基本规范

(1) 办税服务厅人员接收纳税人资料信息或纳税人通过互联网络申报后提交的纸质资料，核对资料信息是否齐全、是否符合法定形式、填写内容是否完整、是否与税收优惠备案审批信息一致。符合的，即时办结；不符合的，当场一次性告知应补正资料或不予受理的原因。

(2) 为纳税人提供申报纳税办理指引，辅导纳税人申报纳税，提示纳税人填写税收优惠栏目。

(3) 纳税人可通过财税库银电子缴税系统缴纳税款，办税服务厅人员应按规定开具税收票证。

(4) 办税服务厅人员在"城镇土地使用税纳税申报表"上签名并加盖业务专用章，一份返还纳税人，一份作为资料归档，一份作为税收会计核算的原始凭证。

(5) 在办税服务厅或商业密集区提供自助办税设备。

5.4.2 印花税申报

印花税是财产行为税的一种。印花税纳税人依照税收法律法规及相关规定确定的申报期限、申报内容，就其应税项目如实向税务机关申报缴纳印花税。

1. 报送资料

"印花税纳税申报表"3份。

2. 基本流程

印花税申报流程见图5-8。

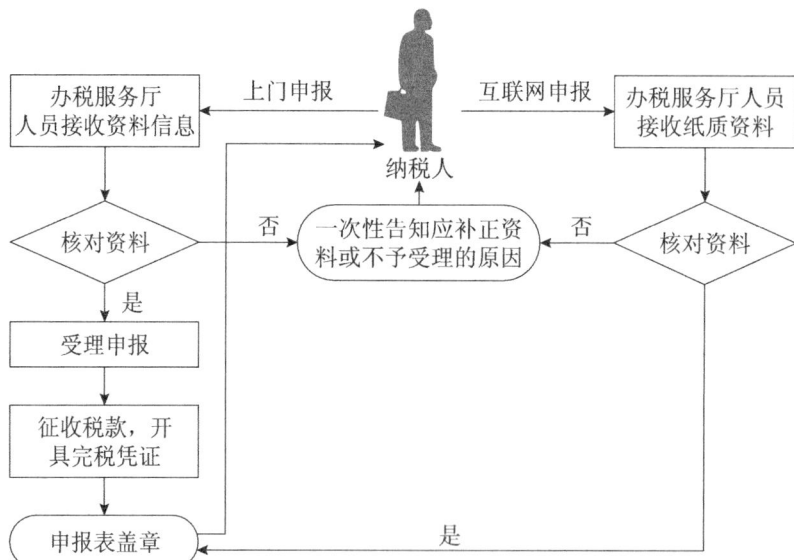

(资料来源：辽宁省地方税务局. http://www.lnsds.gov.cn.)

图5-8　印花税申报流程

3. 基本规范

(1) 办税服务厅人员接收纳税人资料或纳税人通过互联网络申报后提交的纸质资料，核对资料是否齐全、是否符合法定形式、填写内容是否完整、是否与税收优惠备案审批信息一致。符合的，即时办结；不符合的，当场一次性告知应补正资料或不予受理的原因。

(2) 为纳税人提供申报纳税办理指引，辅导纳税人申报纳税，提示纳税人填写税收优惠栏目。

(3) 纳税人可通过财税库银电子缴税系统缴纳税款，办税服务厅人员应按规定开具税收票证或发售印花税票；发售印花税票的，应同时开具"印花税票销售凭证"。

(4) 办税服务厅人员在"印花税纳税申报表"上签名并加盖业务专用章，一份返还纳税人，一份作为资料归档，一份作为税收会计核算的原始凭证。

(5) 在办税服务厅或商业密集区提供自助办税设备。

5.4.3　车船税申报

车船税是财产行为税的一种。属于《中华人民共和国车船税法》所附"车船税税目税额表"规定的车辆、船舶的所有人或者管理人，依照税收法律法规及相关规定确定的申报期限、申报内容，就其应税项目向税务机关申报缴纳车船税。

1. 报送资料

(1) 首次进行车船税纳税申报的纳税人，应报送以下资料。

① 车辆车船税纳税人应报送"车船税纳税申报表"及"车船税税源明细表(车辆)"各3份。

② 船舶车船税纳税人应报送"车船税纳税申报表"及"车船税税源明细表(船舶)"各3份。

③ 对于新购置车船，应提供购买车船的发票或者其他证明购置日期的文件。

④ 车船登记管理部门核发的车船登记证书或者行驶证原件及复印件。

⑤ 不能提供车船登记证书、行驶证的，应提供车船出厂合格证明或者进口凭证原件及复印件。

⑥ 车船所有人或者管理人的身份证明材料原件及复印件。

(2) 首次后办理纳税申报时，如果纳税人的车船及相关信息未发生变更，可不再填报信息，仅提供上述第④～⑥项资料。

2. 基本流程

车船税申报流程见图5-9。

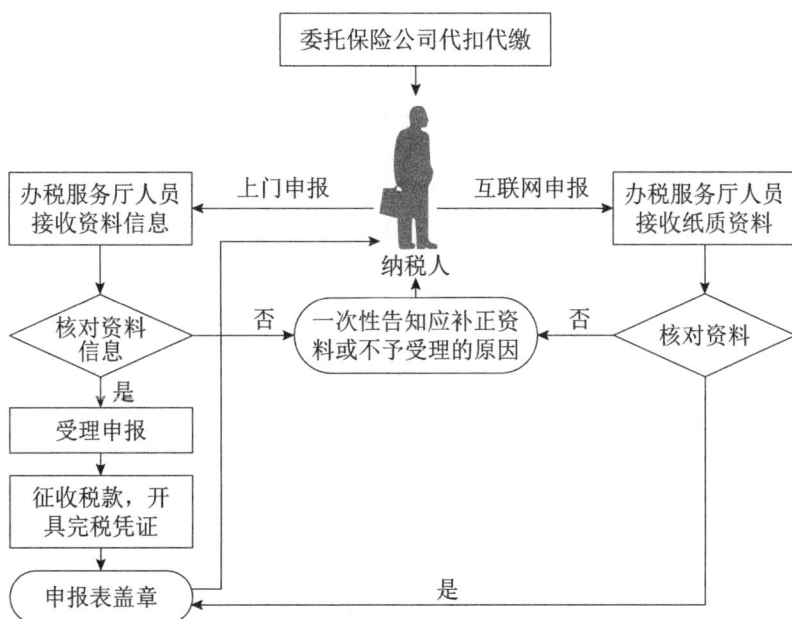

(资料来源：辽宁省地方税务局. http://www.lnsds.gov.cn.)

图5-9 车船税申报流程

3. 基本规范

(1) 办税服务厅人员接收纳税人资料信息或纳税人通过互联网络申报后提交的纸质资料，核对资料信息是否齐全、是否符合法定形式、填写内容是否完整、是否与税收优惠备案审批信息一致。符合的，即时办结；不符合的，当场一次性告知应补正资料或不予受理的原因。

(2) 为纳税人提供申报纳税办理指引，辅导纳税人申报纳税，提示纳税人填写税收优惠栏目。

(3) 纳税人可通过财税库银电子缴税系统缴纳税款，办税服务厅人员应按规定开具税收票证。

(4) 办税服务厅人员在"车船税纳税申报表"上签名并加盖业务专用章，一份返还纳税人，一份作为资料归档，一份作为税收会计核算的原始凭证。

(5) 由保险公司代扣代缴车船税的纳税人，可不办理申报手续，不报送相应的申报表。

5.4.4 城市维护建设税申报

城市维护建设税是特定目的税的一种。在中华人民共和国境内缴纳增值税、消费税的单位和个人，依照税收法律法规及相关规定确定的申报期限、申报内容，就其应税项目如实向税务机关申报缴纳城市维护建设税。

1. 报送资料

"城建税、教育费附加、地方教育附加税(费)申报表"(见表5-7)3份。

2. 基本流程

城市维护建设税的申报流程见图5-10。

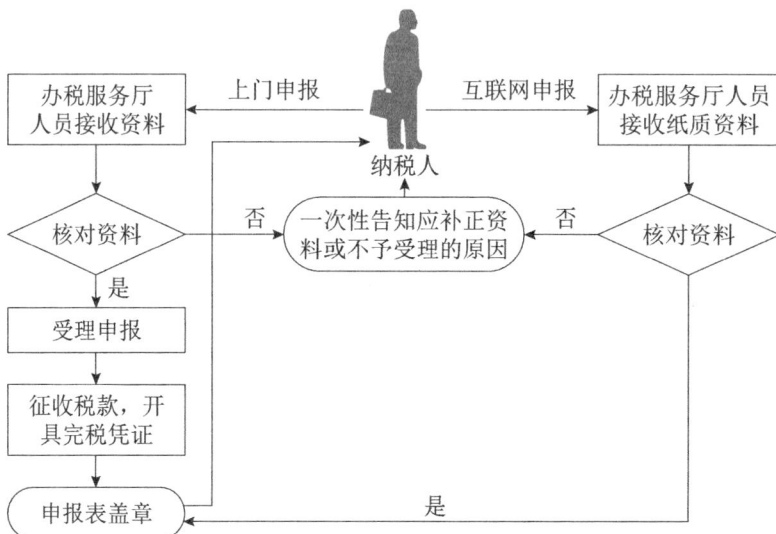

(资料来源：辽宁省地方税务局. http://www.lnsds.gov.cn/)

图5-10 城市维护建设税的申报流程

3. 基本规范

(1) 办税服务厅人员接收纳税人资料或纳税人通过互联网络申报后提交的纸质资料，核对资料是否齐全、是否符合法定形式、填写内容是否完整、是否与税收优惠备案审批信息一致。符合的，即时办结；不符合的，当场一次性告知应补正资料或不予受理的原因。

(2) 为纳税人提供申报纳税办理指引，辅导纳税人申报纳税，提示纳税人填写税收优惠栏目。

(3) 纳税人可通过财税库银电子缴税系统或现金等方式缴纳税款，办税服务厅人员应按规定开具税收票证。

(4) 办税服务厅人员在相应的申报表上签名并加盖业务专用章，一份返还纳税人，一份作为资料归档，一份作为税收会计核算的原始凭证。

(5) 主附税由同一税务机关管辖的，可不单独申报，与主税种同时缴纳。

(6) 在办税服务厅或商业密集区提供自助办税设备。

5.4.5 教育费附加和地方教育附加申报

教育费附加是对缴纳增值税、消费税的单位和个人征收的一种附加费，用于发展地方性教育事业和扩大地方教育经费的资金来源。在中华人民共和国境内缴纳增值税、消费税的单位和个人，依照税收法律法规及相关规定确定的申报期限、申报内容，就其应税项目向税务机关申报缴纳教育费附加和地方教育附加。自2010年12月1日起，根据《国务院关于统一内外资企业和个人城市维护建设税和教育费附加制度的通知》(国发〔2010〕35号)，外商投资企业、外国企业及外籍个人适用国务院于1986年发布的《征收教育费附加的暂行规定》；农业、乡镇企业，由乡镇人民政府征收农村教育事业附加，不再征收教育费附加费。该税种以纳税人实际缴纳的增值税和消费税的税额为计费依据，征收率为3%。

1. 报送资料

"城建税、教育费附加、地方教育附加税(费)申报表"(见表5-7)3份。

2. 基本流程

教育费附加和地方教育附加申报流程见图5-11。

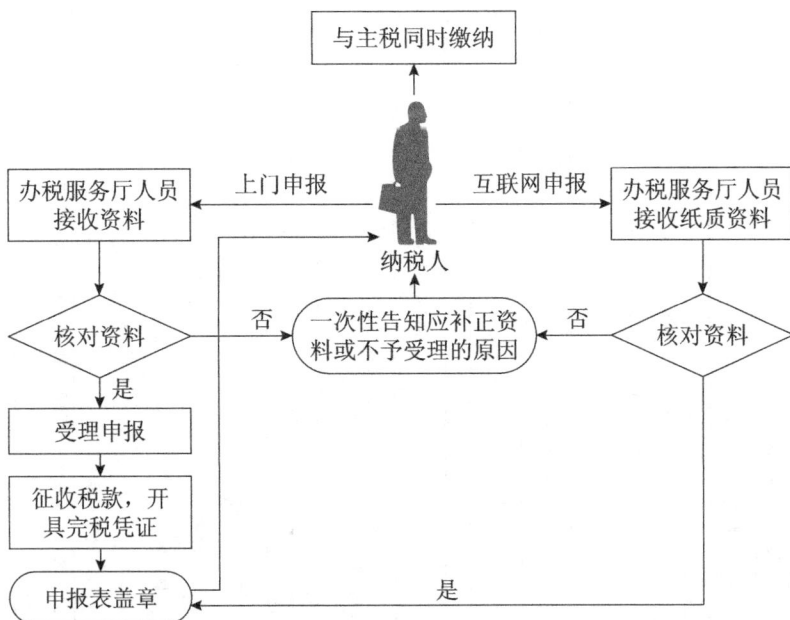

(资料来源：辽宁省地方税务局. http://www.lnsds.gov.cn.)

图5-11 教育费附加和地方教育附加申报流程

表5-7 城建税、教育费附加、地方教育附加税(费)申报表

地方税(费)综合申报表

税款所属期：

税款所属期：正常申报　自查申报　被查申报

单位：人民币 元(列至角、分)、吨、m²、辆、件、本

经济类型：

申报日期：
纳税人微机代码：
纳税人税务登记证件号：
纳税人名称：【盖章】
开户银行名称：　　　银行账号：　　　联系电话：　　　纳税人注册地址：

年 月 日

税(费)款种	应纳税(费)项目	计税(费)依据(数量或金额)	税(费)率或单位税额	当期应纳税(费)额 5=3×4	批准减免税(费)		已预缴税(费)额	应纳税(费)额 9=5−7−8	批准延期缴纳税税(费)额	累计欠税(费)余额	备注
					项目	金额					
栏次	1	2	3	4	5=3×4	6	7	8	9=5−7−8	10	11	12
城市建设维护税						—	—	—	—	—	—	
教育费附加						—	—	—	—	—	—	
地方教育附加				1%		—	—	—	—	—	—	
文化事业建设费												
合计 (大写)												

纳税人声明：我单位(个人)所申报的各种税(费)款真实、准确、完整。如有虚假内容愿承担法律责任。
　　　　　　　　(公章)
办税员：　　　　年 月 日
法定代表人(负责人)：　　　　年 月 日

授权声明：现委托　　　为我单位纳税申报代理人。
委托合同号码：
授权人(法定代表人)：　　　　年 月 日

代理人声明：本纳税申报是按照国家税法和税务机关规定填报的，我确信其真实、合法。
代理人：　　　　
代理机构(公章)　　　　年 月 日

告知：1.本表适用于纳税人申报除账簿征收纳税人的企业所得税、个人所得税、土地增值税清算和个体"双定"户以外的各种地方税(费)。 2.本表一式三份，经税务机关审核后退回纳税人一份，税务机关留存两份。

以下由税务机关填写：

税务机关受理申报日期：　　　年 月 日
开具日期：　　　年 月 日

稽核日期：　　　　受理人(签章)：
征收员(签章)：

稽核人员：
完税凭证字号：

滞纳金天数：
应收滞纳金：

3. 基本规范

(1) 办税服务厅人员接收申报资料或纳税人通过互联网络申报后提交的纸质资料，核对资料是否齐全、是否符合法定形式、填写内容是否完整。符合的，即时办结；不符合的，当场一次性告知应补正资料或不予受理的原因。

(2) 为申报人提供申报缴费办理指引，辅导申报人申报缴费。

(3) 申报人可通过财税库银电子缴税系统缴纳税费，办税服务厅应按规定开具缴纳凭证。

(4) 办税服务厅人员在相应的申报表上签名并加盖业务专用章，一份返还申报人，一份作为资料归档，一份作为税收会计核算的原始凭证。

(5) 主附税由同一税务机关管辖的，可不单独申报，与主税种同时缴纳。

(6) 在办税服务厅或商业密集区提供自助申报设备。

需注意的是，城市维护建设税和教育费附加没有单独的纳税申报表，其纳税申报填列的是地方税务局的综合纳税申报表。

第6章 会计档案

6.1 我国《会计档案管理办法》的发展历程

1984年，财政部、国家档案局联合印发了《会计档案管理办法》(以下简称原《管理办法》)，并于1998年对该办法进行了第一次修订。原《管理办法》实施10多年以来，对规范和加强单位会计档案管理、促进会计工作更好地服务经济社会发展发挥了积极作用。近年来，随着我国经济社会的快速发展以及信息技术的广泛应用，会计档案的内容范围、承载形式、管理手段、利用方式等均发生了较大变化，原《管理办法》已经无法较好地适应经济社会发展需要，突出表现为：随着各单位信息化水平和精细化管理程度的日益提升，越来越多的会计凭证、账簿、报表等会计资料以电子形式产生、传输、保管，形成了大量电子会计档案，需要予以规范。此外，随着我国会计法律法规的不断完善，以及国家档案管理规范、标准的制定或修订，原《管理办法》的有关表述已不再适用，会计档案的范围、保管、利用、销毁等方面的规定需要相应予以调整或完善。

为做好原《管理办法》的修订工作，从2012年开始，财政部、国家档案局陆续组织部分信息化程度较高的企业和地区开展会计档案电子化管理试点工作；2013—2014年，财政部、国家档案局、国家税务总局、国家发展改革委专门针对电子发票的入账和保管问题多次开展研讨，并组织部分企业和地区开展电子发票及电子会计档案管理综合试点工作。随着试点工作的稳步推进、电子发票相关政策的逐步完善，2014年，财政部、国家档案局着手修订原《管理办法》，形成了《会计档案管理办法(征求意见稿)》(与原《管理办法》的对比见表6-1)，先后于2014年12月、2015年5月向社会两次公开征求意见，形成了《会计档案管理办法(修订草案)》。2015年9月，财政部、国家档案局组织有关专家集中研究讨论《会计档案管理办法(修订草案)》，最终形成新的《会计档案管理办法》。以财政部、国家档案局令第79号发布的新的《会计档案管理办法》(见附录)，于2016年1月1日起施行。

表6-1 原《会计档案管理办法》与《会计档案管理办法(征求意见稿)》对比分析

规定事项	原《会计档案管理办法》内容	《会计档案管理办法(征求意见稿)》内容
制定依据	第一条 为了加强会计档案管理，统一会计档案管理制度，根据《中华人民共和国会计法》和《中华人民共和国档案法》的规定，制定本办法	第一条 为了加强会计档案管理，有效保护和利用会计档案，根据《中华人民共和国会计法》《中华人民共和国档案法》等有关法律、行政法规，制定本办法
适用范围	第二条 国家机关、社会团体、企业、事业单位、按规定应当建立账户的个体工商户和其他组织(以下简称各单位)，应当依照本办法管理会计档案	第二条 国家机关、企业、事业单位和其他组织(以下统称单位)应当依照本办法管理会计档案
领导与组织	第三条 各级人民政府财政部门和档案行政管理部门共同负责会计档案工作的指导、监督和检查 第四条 各单位必须加强对会计档案管理工作的领导，建立会计档案的立卷、归档、保管、查阅、保密等管理制度，保证会计档案妥善保管、有序存放，方便查阅，严防毁损、散失和泄密	第三条 国务院财政部门和国家档案行政管理部门主管全国会计档案工作，共同制定全国统一的会计档案工作制度，对全国会计档案工作实行监督和指导。县级以上人民政府财政部门和档案行政管理部门管理本行政区域内的会计档案工作，并对本行政区域内会计档案工作实行监督和指导 第四条 各单位应当加强会计档案管理工作，设立档案机构或配备档案工作人员，建立和完善会计档案的收集、整理、利用和鉴定等管理制度，采取可靠的安全防护技术和措施，保证会计档案的真实、完整、可用、安全
会计档案范围	第五条 会计档案是指会计核算专业材料，是记录和反映单位经济业务的重要史料和证据。具体包括：(一)会计凭证类：原始凭证，记账凭证，汇总凭证，其他会计凭证。(二)会计账簿类：总账，明细账，日记账，固定资产卡片，辅助账簿，其他会计账簿。(三)财务报告类：月度、季度、年度财务报告，包括会计报表、附注及文字说明，其他财务报告。(四)其他类：银行存款余额调节表，银行对账单，其他应当保存的会计核算专业资料，会计档案移交清册，会计档案保管清册，会计档案销毁清册	第五条 本办法所称会计档案是指各单位在进行会计核算过程中接收或形成的，记录和反映单位经济业务事项的，具有保存价值的文字、图表等各种形式的会计资料。以下会计资料应纳入归档范围：(一)会计凭证：原始凭证，记账凭证。(二)会计账簿：总账，明细账，日记账，其他辅助性账簿。(三)财务会计报告：月度、季度、半年度、年度财务会计报告。(四)其他会计资料：银行存款余额调节表，银行对账单，会计档案移交清册，会计档案保管清册，会计档案销毁清册，其他具有保存价值的会计资料

（续表）

规定事项	原《会计档案管理办法》内容	《会计档案管理办法(征求意见稿)》内容
电子会计档案管理		第六条 单位可以利用计算机、网络通信等现代信息技术手段管理会计档案，可仅以电子形式归档保存：（一）电子会计资料来源真实有效、完整，由相应的信息系统生成和传输。（二）使用的会计核算系统能够准确、完整、有效接收和读取电子会计资料；设定并履行了经办、审核、审批等必要的电子签证程序。（三）使用的档案管理系统能够有效接收、管理、利用电子会计资料，符合会计档案管理要求，并建立了电子会计档案与相应纸质会计档案的检索关系。（四）采取有效措施，防止电子会计档案被篡改。（五）建立电子会计档案备份制度，能够有效防范自然灾害、意外事故和人为破坏的影响。（六）不属于永久保存的会计档案 第八条 单位从外部接收的原始凭证，附有符合《中华人民共和国电子签名法》规定的第三方认证的电子签名，且同时满足第七条规定条件的，可仅以电子形式归档保存
会计档案归档	第六条 各单位每年形成的会计档案，应当由会计机构按照归档要求，负责整理立卷，装订成册。当年形成的会计档案，在会计年度终了后，可暂由会计机构保管一年，期满之后，应当由会计机构编制移交清册，移交本单位档案机构统一保管；未设立档案机构的，应当在会计机构内部指定专人保管。出纳人员不得兼管会计档案。 移交本单位档案机构保管的会计档案，原则上应当保持原卷册的封装。个别需要拆封重新整理的，档案机构应当会同原会计机构和经办人共同拆封整理，以分清责任	第九条 单位会计机构按照归档范围和归档要求，负责定期将应当归档的会计资料整理立卷，编制会计档案保管清册 第十条 属于会计年归档范围的会计资料，一般应当在会计年度终了后半年内，由单位会计机构或档案机构工作人员进行移交。因工作需要确需推迟移交，由经办会计机构临时保管的，应当经档案机构或档案机构工作人员同意，且最多不超过三年。临时保管期间，会计资料的保管应当符合国家有关规定，且出纳人员不得兼管会计档案 第十一条 单位会计机构在办理会计档案移交时，应当编制会计档案移交清册，并按国家有关规定办理会计档案交接手续。移交电子会计档案的，应当将电子会计档案为纸质会计档案的，应当将电子会计档案及其元数据一并移交，且元数据应当符合国家有关规定。特殊格式的电子会计档案应当与其读取平台一并移交

（续表）

规定事项	原《会计档案管理办法》内容	《会计档案管理办法(征求意见稿)》内容
会计档案利用	第七条　各单位保存的会计档案不得借出。如有特殊需要，经本单位负责人批准，可以提供查阅或者复制，并办理登记手续。查阅或复制会计档案的人员，严禁在会计档案上涂画、拆封和抽换。各单位应当建立健全会计档案查阅、复制登记制度	第十二条　各单位应当严格按照有关制度利用会计档案。利用会计档案的过程中，严禁篡改和损坏会计档案。单位保存的会计档案一般不得对外借出。确因工作需要且根据国家有关规定必须借出的，应当严格按照规定办理相关手续
会计档案保管	第八条　会计档案的保管期限分为永久、定期两类。定期保管期限分为3年、5年、10年、15年、25年五类。会计档案的保管期限，从会计年度终了后的第一天算起	第十三条　会计档案的保管期限分为永久、定期两类。定期保管期限分为5年、10年、15年、25年四类。会计档案的保管期限，从会计年度终了后的第一天算起
	第九条　本办法规定的会计档案保管期限为最低保管期限，各类会计档案的保管期限原则上应当按照本办法附列所列期限执行。各单位会计档案的具体名称如有同本办法附表所列档案名称不相符的，可以比照类似档案的保管期限办理	第十四条　本办法规定的会计档案保管期限为最低保管期限，各类会计档案的保管期限原则上应当按照本办法附表所列期限执行。单位会计档案的具体名称如有同本办法附表所列档案名称不相符的，可以比照类似档案的保管期限办理
会计档案销毁	第十条　保管期满的会计档案，除本办法第十一条规定的情形外，可以按照以下程序销毁：(一)由本单位档案机构会同会计机构提出销毁意见，编制会计档案销毁清册，列明销毁会计档案的名称、卷号、册数、起止年度和档案编号、已保管期限、销毁时间等内容。(二)单位负责人在会计档案销毁清册上签署意见。(三)销毁会计档案时，应当由档案机构和会计机构共同派员监销。国家机关销毁会计档案时，应当由同级财政部门、审计部门派员参加监销。财政部门销毁会计档案时，应当由同级审计部门派员参加监销。(四)监销人在会计档案销毁前，应当按照会计档案销毁清册所列内容进行点核对所要销毁的会计档案；销毁后，应当在会计档案销毁清册上签名盖章，并将监销情况报告本单位负责人	第十五条　各单位应当成立档案鉴定委员会(或小组)，并形成会计档案鉴定意见书。经鉴定，仍需继续保存的会计档案，应重新划定保管期限；对保管期满，确无保存价值的会计档案，可以进行销毁 第十六条　单位确定可以销毁的会计档案，应当按照以下程序进行销毁：(一)单位档案机构编制会计档案销毁清册，列明销毁会计档案的名称、册数、起止年度和档案编号、销毁时间等内容。(二)单位负责人、档案机构负责人、会计机构负责人在会计档案销毁清册上签署意见。(三)单位销毁会计档案时，应当由单位档案机构和会计机构共同派员监销。(四)监销人在会计档案销毁前，应当按照会计档案销毁清册所列内容进行清点核对；在会计档案销毁后，应当在会计档案销毁清册上签名或盖章。电子会计档案的鉴定销毁应当符合国家有关规定

（续表）

规定事项	原《会计档案管理办法》内容	《会计档案管理办法(征求意见稿)》内容
会计档案销毁	第十一条 保管期满但未结清的债权债务原始凭证和涉及其他未了事项的原始凭证，不得销毁。单独抽出立卷的会计档案，应当在会计档案销毁清册和会计档案保管清册中列明。正在项目建设期间的建设单位，其保管期满的会计档案不得销毁	第十七条 保管期满但未结清的债权债务会计凭证和涉及其他未了事项的会计凭证，纸质会计档案单独抽出立卷，电子会计档案单独保存，保管到未了事项完结时为止。单独抽出立卷或转存的会计档案，应当在会计档案销毁清册和会计档案保管清册中列明
电子会计档案管理	第十二条 采用电子计算机进行会计核算的单位，应当保存打印出的纸质会计档案。具备采用磁带、磁盘、光盘、微缩胶片等磁性介质保存会计档案条件的，由国务院财政部门统一规定，国家档案局备案	电子会计档案的内容在其他条款中进行修改和规定
终止经营的会计档案管理	第十三条 单位因撤销、解散、破产或者其他原因而终止的，在终止和办理注销登记手续之前形成的会计档案，由终止单位的业务主管部门或财产所有者代管或移交有关档案馆代管。法律、行政法规另有规定的，从其规定	第十八条 单位因撤销、解散、破产或其他原因而终止的，在终止和办理注销登记手续之前形成的会计档案，应当按照国家有关规定处置
分立后的会计档案管理	第十四条 单位分立后原单位存续的，其会计档案应当由分立后的存续方统一保管，其他方可查阅；单位分立后原单位解散的，其会计档案应当经各方协商后由其中一方代管或移交档案馆代管。单位分立中未结清的会计事项所涉及的原始凭证，应当单独抽出由业务相关方保管，并按规定办理交接手续。复制与其业务相关所涉及的会计事项所涉及的原始凭证，应当单独抽出由业务承接单位保存，并按规定办理交接手续	第十九条 单位分立后原单位存续的，其会计档案应当由分立后的存续方统一保管，其他方可查阅；单位分立后原单位解散的，其会计档案应当由分立后各方协商后由其中一方代管或保存，其他方可查阅。单位分立中未结清的会计事项或代管的会计凭证，应当单独抽出由其业务相关方保管，并按规定办理交接手续。单位分立后，复制与其业务相关的会计档案，应当由原单位保管，承接业务单位因业务办理所涉及的会计档案。对其中未结清的会计事项所涉及的会计凭证，应当单独抽出由业务承接单位保存，并按规定办理交接手续
合并后的会计档案管理	第十五条 单位合并后原各单位解散或原各单位有一方存续的，原各单位的会计档案应当由合并后的单位统一保管；单位合并后原各单位仍存续的，其会计档案仍应当由原各单位保管	第二十条 单位合并后原各单位解散或原各单位有一方存续其他方解散的，原各单位的会计档案应当由合并后的单位统一保管；单位合并后原各单位仍存续的，其会计档案仍应当由原各单位保管

(续表)

规定事项	原《会计档案管理办法》内容	《会计档案管理办法(征求意见稿)》内容
建设期的档案管理	第十六条 建设单位在项目建设期间形成的会计档案,应当在办理竣工决算后移交给建设项目的接受单位,并按规定办理交接手续	第二十一条 建设单位在项目建设期间形成的会计档案,应当在办理竣工决算后移交给建设项目的接受单位,并按规定办理交接手续
会计档案交接	第十七条 单位之间交接会计档案时,交接双方应当办理会计档案交接手续。移交会计档案的单位,应当编制会计档案移交清册,列明应移交的会计档案名称、卷号、册数、起止年度和档案保管期限、已保管期限等内容。交接会计档案时,交接双方应当按照会计档案移交清册所列内容逐项交接,并由交接双方的单位负责人负责监交。交接完毕后,交接双方经办人和监交人应当在会计档案移交清册上签名盖章	第二十二条 单位之间交接会计档案时,交接双方应当办理会计档案交接手续。移交会计档案的单位,应当编制会计档案移交清册,列明应移交的会计档案编号、案名称、卷号、册数、起止年度和档案保管期限、已保管期限等内容。交接会计档案时,交接双方应当按照会计档案移交清册所列内容逐项交接,并由交接双方的单位负责人负责监交。交接完毕后,交接双方经办人和监交人应当在会计档案移交清册上签名盖章。电子会计档案应当与元数据一起移交,电子会计档案移交时,应在相应的纸质媒体的元数据中著录相关信息,建立关联关系,确保所接收电子会计档案的完整、可读
境外机构会计档案管理	第十八条 我国境内所有单位的会计档案不得携带出境。驻外机构和境内单位在境外设立的企业(简称境外单位)的会计档案应当按照本办法和国家有关规定管理	第二十三条 关系国家安全的会计档案,未经有关业务主管部门和国家保密主管部门批准,不得以任何形式携带、寄运或传输至境外
其他管理要求	第十九条 预算、计划、制度等文件材料,应当执行文书档案管理规定,不适用本办法	第二十四条 预算、计划、制度、审计等文件材料,应当执行文书档案管理规定,不适用本办法
	第二十条 各省、自治区、直辖市人民政府财政部门,国务院各业务主管部门,中国人民解放军总后勤部门,可以根据本办法的规定,结合本地区、本部门的具体情况,制定实施办法,报财政部和国家档案局备案	第二十五条 各省、自治区、直辖市人民政府财政部门,国务院各业务主管部门,中国人民解放军总后勤部,可以根据本办法制定具体实施办法
		第二十六条 单位委托中介机构代理记账的,应当在签订的书面委托合同中,明确会计档案的保管要求及相应责任
		第二十七条 驻外机构和境内单位在境外设立企业的会计档案应当按照本办法和国家有关规定进行管理
	第二十一条 本办法由财政部负责解释,自1999年1月1日起执行。1984年6月1日财政部、国家档案局发布的《会计档案管理办法》自本办法执行之日起废止	第二十八条 本办法由财政部负责解释,自2015年7月1日起执行。1998年8月21日财政部、国家档案局发布的《会计档案管理办法》自本办法执行之日起废止

6.2 会计档案管理

6.2.1 会计档案类型与整理要求

1. 会计档案的类型

新《管理办法》所称会计档案是指单位在进行会计核算等过程中接收或形成的，记录和反映单位经济业务事项的，具有保存价值的文字、图表等各种形式的会计资料，包括通过计算机等电子设备形成、传输和存储的电子会计档案。新《管理办法》将电子会计档案纳入会计档案的范围，满足一定条件时，单位内部生成和外部接收的电子会计资料可仅以电子形式归档保存，但下列会计资料应当进行归档。

(1) 会计凭证。包括原始凭证、记账凭证。

(2) 会计账簿。包括总账、明细账、日记账、固定资产卡片及其他辅助性账簿。

(3) 财务会计报告。包括月度、季度、半年度、年度财务会计报告。

(4) 其他会计资料。包括银行存款余额调节表、银行对账单、纳税申报表、会计档案移交清册、会计档案保管清册、会计档案销毁清册、会计档案鉴定意见书及其他具有保存价值的会计资料。

2. 会计档案的整理

会计档案的整理就是对有关的会计档案进行整理排序的活动。内容主要包括：会计档案的分类，会计档案的立卷，会计档案的排列，会计档案的编目与编号，如图6-1所示。

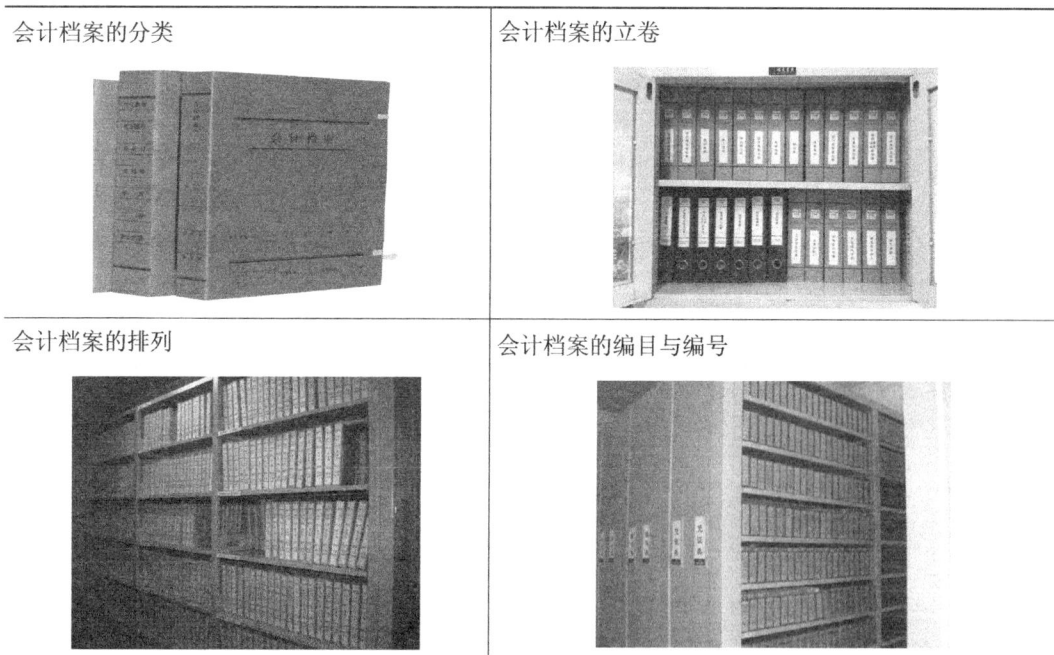

图6-1 会计档案的整理

1) 会计档案的分类

会计档案的分类要从本单位会计档案的实际出发，按照会计档案的形成规律和特点，选用以下方法。

(1) "会计年度——名称"分类法。把一个会计年度内形成的会计档案，分为凭证、账簿、报表等类，然后分别组成若干保管单位(卷)。选用这种分类方法，首先应分开会计年度，再把一个会计年度的会计档案按报表、账簿、凭证形式分为大类，然后在大类内按永久、30年、10年的顺序排列，一年编一个案卷流水号(会计档案保管期限见附录中的附表1)。这种分类方法简便、容易掌握，分类与保管统一，便于查找和利用。这种分类方法适用于单位预算会计、企业会计。

(2) "会计年度——机构"分类法。先把一个会计年度形成的会计档案按机构分开，然后在每一个机构内再按不同的名称分别组成保管单位。这种分类方法一般适用于各级财政、税务、银行等单位。

分类方法确定后，要固定使用一种方法，以保持其一贯性，便于保管和利用。

2) 会计档案的立卷

(1) 会计凭证。将记账凭证连同所附原始凭证、凭证汇总表，按照编号顺序，去掉金属物，选取适当厚度(一般不超过2厘米)为一册，加上封面、封底，装订成册。

装订时，以上边和左边整齐为准，右边和下边要求折叠整齐，用棉线在左上角装订，并用纸包封装订角，由会计机构负责人、立卷人加盖骑缝章。

应以一册为一卷。会计凭证案卷封面应写明单位名称、内部机构名称，年度、月份，本月共几册、本册是第几册，记账凭证的起讫编号、张数，保管期限，档号，并由会计机构负责人、立卷人分别签名或盖章。

对于数量过多的原始凭证，如收、发料单等，可以按上述要求单独装订成册，加上封面、封底，并在封面注明记账凭证日期、编号，存放在其他类会计档案中，同时在记账凭证上注明"附件另订"及原始凭证名称和编号。

会计凭证的装订方法见图6-2。

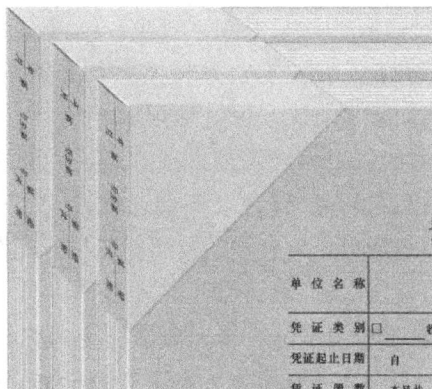

图6-2 会计凭证的装订方法

(2) 会计账簿。会计账簿的整理立卷比较简单，这是因为会计账簿在形成时，一般都有固定的格式和明确的分类,所以在年终结账、决算后稍加整理,一本账簿就可以成为一个案卷。

各种会计账簿办理完年度结账后,除跨年使用的账簿外,其他需整理、立卷。会计账簿在装订前,应按账簿启用表的使用页数,核对各个账户账页是否齐全,是否按顺序排列。会计账簿装订顺序:会计账簿封面(见图6-3)、账簿启用表、账户目录、按本账簿页数项顺序装订账页、会计账簿封底。活页账簿去空白页后,将本账页数项填写齐全后撤账夹,用坚固耐磨的纸张做封面、封底,装订成册。不同规格的活页账不得装订在一起。装订后的会计账簿应牢固、平整,不得有折角、掉页现象。会计账簿的封口处,应加盖装订印章。装订后,会计账簿的脊背应平整,并注明所属年度及账簿名称和编号。会计账簿的编号为一年一编,编号顺序为总账、现金日记账、银行存(借)款日记账、分户明细账。

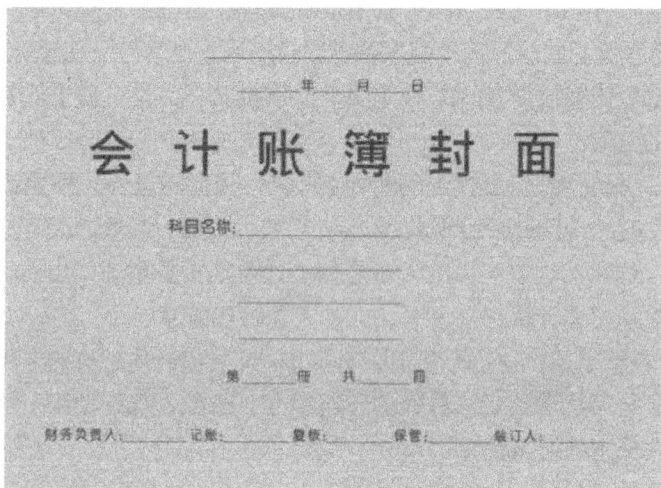

图6-3 会计账簿封面

整理立卷时应当注意以下几点:按照账簿的种类按年分别立卷,一本为一卷。订本账中的空白页不能拆账去掉,应保持账簿本身的完整性。活页账可以拆账,会计人员将账中的空白账页去掉后可重新组织,并应当在账页的右上角编上页码,加上账簿封面、封底,用脱脂线绳装订成册。有的活页账账页较少,可将科目内容相近的账页按类别排列编号,合并装订成册(年终结账后)。会计账簿案卷封面应写明单位名称、内部机构名称、账簿名称、所属年度、卷内张数、保管期限、档号,并由会计机构负责人、立卷人签名或盖章。跨年度使用的固定资产账簿,应在使用完的那一个年度立卷。

(3) 财务会计报告。月度、季度、年度财务会计报告应分别装订立卷,一本为一卷。决算审核意见书、审计报告等应分别附在该期财务报告后一起装订,卷内须逐页按顺序编写页码。

财务会计报告案卷封面应写明单位名称、内部机构名称、报表名称、所属年度、卷内张数、保管期限、档号,并由会计机构负责人、立卷人分别签名或盖章。财务报表编制完成并按时报送后,留存报表均应按月装订成册。财务报表应整理平整,防止折角。财务报表在装订前,应按编报目录核对是否齐全。财务报表的装订顺序:财务报表封面(见图

6-4)、财务报表编制说明、各种会计报表按财务报表的编号顺序排列、财务报表封底。

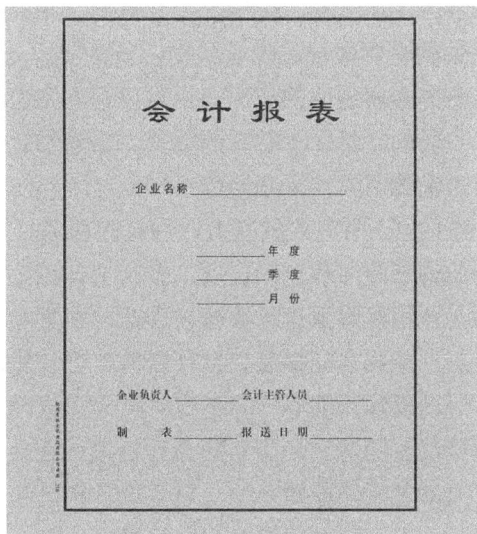

图6-4　财务报表封面

(4) 其他类会计档案的整理立卷。各单位会计机构、会计人员对其他类会计档案要认真收集、审查、核对，并分别进行整理立卷。会计移交清册、会计档案保管清册、会计档案销毁清册应单独装订立卷，单独编制卷号。

会计档案案卷后应附备考表，卷内若有需要说明的情况和问题，可在备考表上说明。

各单位应将整理立卷的会计档案分别装入卷盒(视其厚度，一个盒子可装一卷或数卷)，卷盒形式要统一、整齐、美观。

3) 会计档案的排列

会计档案案卷的排列可采取"年度——类别"或"类别——年度"方式，然后按保管期限长短排列。期限长的排在前面，期限短的排在后面。

例如：2015年度——报表类：永久，25年，15年……

报表类——2015年度：永久，25年，15年……

4) 会计档案的编目与编号

(1) 会计档案的立卷编目。具体包括：①拟制案卷题名。各类案卷一般应当拟制规范的题名，以便为日后查找和利用提供一个基本的检索标识。会计档案的案卷题名一般应包括：立档单位、时间、会计档案文种等。例如，"××机关××××年×月会计凭证""××公司××××年会计账簿""××单位××××年会计年度报告"等。②填写卷内目录。除了订本账、会计凭证外，其他会计档案的案卷均应填写卷内目录。卷内目录应用于永久和长期保管的案卷，按照格式用耐久或比较耐久的书写材料书写或打印。③案卷封面其他项目的编目。立卷部门，应填写具体的内部机构的名称；类别，应填写会计报表、会计账簿、会计凭证等不同的类别名称；起止时间，应填写会计记录或会计文件的最早和最晚形成时间；档案号，应填写"全宗号+目录号+卷号或册号"或者"年度号+分类号+案卷号或册号"等。④备考表的编目。除了订本账和会计凭证组成的案卷外，其他案卷一般均应加入备考表。备考表的内容一般包括以下两个方面：第一，本卷需要说明的情况。具体包括：归档前的情况，如页数、价值、保管情况、相关文件的档案号等；归档后的情况，如鉴定后卷内文件的变更情况、保管状况(字迹状况、载体状况等)。另外，案卷中文件的缺损、补充及移出等需要说明的情况，也可以写入备考表。第二，本单位财务负责人、立卷人或经办会计人员的签章。⑤卷脊的编目。案卷卷脊的编目项目一般包括全宗号、目录号、册号、类别、保管期限、凭证号等。

(2) 会计档案编号。由于会计档案数量庞大，保管期限多样，利用频繁，为了最后固定会计档案案卷分类排列的物理顺序和空间位置，并为会计档案的统计、保管和查找利用创造条件，必须对所有的会计档案案卷进行编号。因此，在案卷的排列编号上要尽量适应本单位会计档案形成的特点，即按会计报表、会计账簿、会计凭证和其他会计档案四大类编号。由于受保管期限不一、载体大小不一的制约，应分别从1号逐年流水编号。

根据《会计档案管理办法》的规定，当年的会计档案，在会计年度终了后，可暂由本单位财务部门保管一年。期满之后，原则上应由财务会计部门编造清册移交本单位的档案部门保管。其中所谓的"编造清册"，是指编制案卷目录。

会计档案案卷目录是以案卷为单位进行登记编制的，记录和反映案卷内容和成分并按一定次序编排的一览表。它是一种传统的手工管理性检索工具，又称"案卷名册"。案卷目录的格式如表6-2所示。

表6-2　会计档案案卷目录

顺序号	案卷号	原凭证号	案卷题名	起止时间	张数	保管期限	存放位置			备注
							排号	栏号	格号	
1	KJ-1-2-2	会资01	××单位2005年1—4季度资产负债表	20050430—20051231	68	15	10	3	8	
2	…	…	…	…						
⋮										
10	…	…	…	…						

具体项目包括：①顺序号。案卷在本册目录中的登记顺序编号，一般采用自然数从1开始，依次填写。一本案卷目录中的顺序号的位数，必须控制在3位数字之内。从理论上讲，最大的顺序号是999。②案卷编号。亦可简称为"案卷号"，一般情况下应填写会计档案案卷的分类编号，如"KJ2.2-3""CK1.1-6""KJ-3.1-8"等。③原凭证号。即记账时按会计科目赋予的凭证编号或发文字号及有关账册的类号等，如"会资01表""银收字第2号""转字第8号"等。④案卷题名。即案卷封面上所填写的用以揭示卷内文件内容和形式特征的简短文句。目录中的题名必须和实际对应的案卷的题名保持高度一致。⑤起止年月日。即案卷内会计文件开始使用的时间与终止使用的时间，如"20160826—20161231"。⑥张数(页数)。即案卷内实存的会计文件的张数或页数。其中会计凭证的页数通常是指综合后记账凭证的页数。⑦保管期限。案卷的保管期限一般有永久和定期两种。具体填写时应当注意所填写的保管期限与案卷封面上的保管期限项一致。如果保管期限发生变更，则应填写新确定的保管期限。⑧存放位置。即案卷在档案部门的档案装具

中的具体存放位置。该项目一般应在会计档案归档后，由会计档案管理人员负责填写。
⑨备注。为注明个别案卷的一些特殊情况而设计的一个辅助项目，如某一件原始凭证是
涉外的，则应注明"涉外永久"等字样。

会计档案案卷目录是一种重要的检索工具，也是要长久保存的会计档案清册。因
此，在填制时，一定要用耐久性较好的书写材料填写，尽可能用碳素墨水或蓝黑墨
水，不要用纯蓝墨水，更不要用圆珠笔填写。书写字迹要端正、清楚，不要潦草，以免
难以辨认。

每页案卷目录填写完后，要认真校对，使案卷目录与案卷封面所写的内容完全相符，
以免出现差错，为日后利用带来不便。

会计档案的案卷目录要编制一式四份。其中，一份由会计部门保管，供日常使用；其
他三份案卷目录，一年后连同会计档案移交本单位的档案室或档案人员。

▌6.2.2　会计档案保管时间

近年来，国家档案局对机关和企业文件材料的定期保管期限进行了调整，《机关
文件材料归档范围和文书档案保管期限规定》(国家档案局令第8号)、《企业文件材料
归档范围和档案保管期限规定》(国家档案局令第10号)分别将企业管理类档案和机关
文书档案的定期保管期限统一为10年、30年。另外，会计档案在很多民事案件中都作
为重要证据，民事案件的诉讼时效最长为20年，但大部分会计档案的最短保管期限都
低于20年。

为便于单位档案的统一管理，并结合会计档案的实际利用需求，新《管理办法》将
会计档案的定期保管期限由原来的3年、5年、10年、15年、25年五类调整为10年、30年两
类，并将原附表1、附表2中保管期限为3年、5年、10年的会计档案统一规定保管期限为10
年，将保管期限为15年、25年的会计档案统一规定保管期限为30年(见附表1和附表2)。其
中，会计凭证、会计账簿等主要会计档案的最短保管期限已延长至30年，其他辅助会计资
料的最短保管期限延长至10年。会计档案的保管期限，从会计年度终了后的第一天算起。

▌6.2.3　会计档案移交和销毁

1. 会计档案移交

新《管理办法》规定，单位之间交接会计档案时，交接双方应当办理会计档案交接手
续。移交会计档案的单位，应当编制会计档案移交清册，列明应当移交的会计档案名称、
卷号、册数、起止年度、档案编号、应保管期限和已保管期限等内容。

交接会计档案时，交接双方应当按照会计档案移交清册所列内容逐项交接，并由交接
双方的单位有关负责人负责监督。交接完毕后，交接双方经办人和监督人应当在会计档案
移交清册上签名或盖章。

电子会计档案应当与其元数据一并移交，特殊格式的电子会计档案应当与其读取平台

一并移交。档案接受单位应当对保存电子会计档案的载体及其技术环境进行检验，确保所接收的电子会计档案的准确、完整、可用和安全。

2. 会计档案销毁

新《管理办法》增加了会计档案鉴定销毁的相关内容，并修改了监销的有关规定。新《管理办法》规定，单位应当定期对已到保管期限的会计档案进行鉴定，并形成会计档案鉴定意见书。经鉴定，仍需继续保存的会计档案，应当重新划定保管期限；对保管期满，确无保存价值的会计档案，可以销毁。

会计档案鉴定工作应当由单位档案管理机构牵头，组织单位会计、审计、纪检监察等机构或人员共同进行。经鉴定可以销毁的会计档案，应当按照以下程序销毁。

(1) 单位档案管理机构编制会计档案销毁清册，列明拟销毁会计档案的名称、卷号、册数、起止年度、档案编号、应保管期限、已保管期限和销毁时间等内容。

(2) 单位负责人、档案管理机构负责人、会计管理机构负责人、档案管理机构经办人、会计管理机构经办人在会计档案销毁清册上签署意见。

(3) 单位档案管理机构负责组织会计档案销毁工作，并与会计管理机构共同派员监销。监销人在会计档案销毁前，应当按照会计档案销毁清册所列内容进行清点核对；在会计档案销毁后，应当在会计档案销毁清册上签名或盖章。

电子会计档案的销毁还应当符合国家有关电子档案的规定，并由单位档案管理机构、会计管理机构和信息系统管理机构共同派员监销。

保管期满但未结清的债权债务会计凭证和涉及其他未了事项的会计凭证不得销毁，纸质会计档案应当单独抽出立卷，电子会计档案单独转存，保管到未了事项完结时为止。

6.2.4 电算化会计档案管理制度

会计档案是会计资料的历史文件，公司实行会计电算化后，会计资料的存储方式有了重大变化，从单纯的纸介质变成各种磁性介质，为此，应制定公司电算化会计档案管理制度。

电算化会计档案，包括存储在计算机中的会计数据(以磁性介质或光盘存储的会计数据)和计算机打印出来的书面等形式的会计数据。会计数据是指记账凭证、会计账簿、会计报表(包括报表格式和计算公式)等数据，以及会计软件系统开发运行中编制的各种文档和其他会计资料。

1. 电算化会计档案的保存期限

会计档案的保存期限按现行制度规定的各种档案存放时间保管。通过计算机计算打印输出的各类账簿、凭证清单等视同原手工登记的账簿等会计资料进行保管。由机器打印输出的会计档案发生缺损时，须补充打印，并由操作人员在打印输出文件上签字盖章。会计电算化系统开发的全套文件档案资料视同会计档案进行管理，保存期限最低截止至该系统停止使用或重大更改后三年。

2. 电算化会计档案存放要求

会计档案存放应做到"九防",即防盗、防火、防潮、防虫、防鼠、防尘、防高温、防强磁场、防冻。会计数据的备份软盘应分别存放在三个不同地点,并定期复制。

3. 电算化会计档案借阅制度

本单位人员借阅须由财务负责人批准;外单位人员借阅须持介绍信经单位领导批准后办理借阅手续。任何人不得擅自将会计档案带离档案室,不得泄露会计核算软件资料,未经许可不得复制、转移资料,更不准删改、更换内容。

附 录

中华人民共和国财政部　国家档案局令第79号
——会计档案管理办法

　　《会计档案管理办法》已经财政部部务会议、国家档案局局务会议修订通过，现将修订后的《会计档案管理办法》公布，自2016年1月1日起施行。

中华人民共和国财政部部长　楼继伟

国家档案局局长　李明华

2015年12月11日

会计档案管理办法

　　第一条　为了加强会计档案管理，有效保护和利用会计档案，根据《中华人民共和国会计法》《中华人民共和国档案法》等有关法律和行政法规，制定本办法。

　　第二条　国家机关、社会团体、企业、事业单位和其他组织(以下统称单位)管理会计档案适用本办法。

　　第三条　本办法所称会计档案是指单位在进行会计核算等过程中接收或形成的，记录和反映单位经济业务事项的，具有保存价值的文字、图表等各种形式的会计资料，包括通过计算机等电子设备形成、传输和存储的电子会计档案。

　　第四条　财政部和国家档案局主管全国会计档案工作，共同制定全国统一的会计档案工作制度，对全国会计档案工作实行监督和指导。

　　县级以上地方人民政府财政部门和档案行政管理部门管理本行政区域内的会计档案工作，并对本行政区域内会计档案工作实行监督和指导。

　　第五条　单位应当加强会计档案管理工作，建立和完善会计档案的收集、整理、保管、利用和鉴定销毁等管理制度，采取可靠的安全防护技术和措施，保证会计档案的真实、完整、可用、安全。

　　单位的档案机构或者档案工作人员所属机构(以下统称单位档案管理机构)负责管理本单位的会计档案。单位也可以委托具备档案管理条件的机构代为管理会计档案。

　　第六条　下列会计资料应当进行归档：

　　(一) 会计凭证，包括原始凭证、记账凭证；

　　(二) 会计账簿，包括总账、明细账、日记账、固定资产卡片及其他辅助性账簿；

(三) 财务会计报告，包括月度、季度、半年度、年度财务会计报告；

(四) 其他会计资料，包括银行存款余额调节表、银行对账单、纳税申报表、会计档案移交清册、会计档案保管清册、会计档案销毁清册、会计档案鉴定意见书及其他具有保存价值的会计资料。

第七条　单位可以利用计算机、网络通信等信息技术手段管理会计档案。

第八条　同时满足下列条件的，单位内部形成的属于归档范围的电子会计资料可仅以电子形式保存，形成电子会计档案：

(一) 形成的电子会计资料来源真实有效，由计算机等电子设备形成和传输；

(二) 使用的会计核算系统能够准确、完整、有效接收和读取电子会计资料，能够输出符合国家标准归档格式的会计凭证、会计账簿、财务报表等会计资料，设定了经办、审核、审批等必要的审签程序；

(三) 使用的电子档案管理系统能够有效接收、管理、利用电子会计档案，符合电子档案的长期保管要求，并建立了电子会计档案与相关联的其他纸质会计档案的检索关系；

(四) 采取有效措施，防止电子会计档案被篡改；

(五) 建立电子会计档案备份制度，能够有效防范自然灾害、意外事故和人为破坏的影响；

(六) 形成的电子会计资料不属于具有永久保存价值或者其他重要保存价值的会计档案。

第九条　满足本办法第八条规定条件，单位从外部接收的电子会计资料附有符合《中华人民共和国电子签名法》规定的电子签名的，可仅以电子形式归档保存，形成电子会计档案。

第十条　单位的会计机构或会计人员所属机构(以下统称单位会计管理机构)按照归档范围和归档要求，负责定期将应当归档的会计资料整理立卷，编制会计档案保管清册。

第十一条　当年形成的会计档案，在会计年度终了后，可由单位会计管理机构临时保管一年，再移交单位档案管理机构保管。因工作需要确需推迟移交的，应当经单位档案管理机构同意。

单位会计管理机构临时保管会计档案最长不超过三年。临时保管期间，会计档案的保管应当符合国家档案管理的有关规定，且出纳人员不得兼管会计档案。

第十二条　单位会计管理机构在办理会计档案移交时，应当编制会计档案移交清册，并按照国家档案管理的有关规定办理移交手续。

纸质会计档案移交时应当保持原卷的封装。电子会计档案移交时应当将电子会计档案及其元数据一并移交，且文件格式应当符合国家档案管理的有关规定。特殊格式的电子会计档案应当与其读取平台一并移交。

单位档案管理机构接收电子会计档案时，应当对电子会计档案的准确性、完整性、可用性、安全性进行检测，符合要求的才能接收。

第十三条　单位应当严格按照相关制度利用会计档案，在进行会计档案查阅、复制、借出时履行登记手续，严禁篡改和损坏。

单位保存的会计档案一般不得对外借出。确因工作需要且根据国家有关规定必须借出的，应当严格按照规定办理相关手续。

会计档案借用单位应当妥善保管和利用借入的会计档案，确保借入会计档案的安全完整，并在规定时间内归还。

第十四条 会计档案的保管期限分为永久、定期两类。定期保管期限一般分为10年和30年。

会计档案的保管期限，从会计年度终了后的第一天算起。

第十五条 各类会计档案的保管期限原则上应当按照本办法附表执行，本办法规定的会计档案保管期限为最低保管期限。

单位会计档案的具体名称如有同本办法附表所列档案名称不相符的，应当比照类似档案的保管期限办理。

第十六条 单位应当定期对已到保管期限的会计档案进行鉴定，并形成会计档案鉴定意见书。经鉴定，仍需继续保存的会计档案，应当重新划定保管期限；对保管期满，确无保存价值的会计档案，可以销毁。

第十七条 会计档案鉴定工作应当由单位档案管理机构牵头，组织单位会计、审计、纪检监察等机构或人员共同进行。

第十八条 经鉴定可以销毁的会计档案，应当按照以下程序销毁：

(一) 单位档案管理机构编制会计档案销毁清册，列明拟销毁会计档案的名称、卷号、册数、起止年度、档案编号、应保管期限、已保管期限和销毁时间等内容。

(二) 单位负责人、档案管理机构负责人、会计管理机构负责人、档案管理机构经办人、会计管理机构经办人在会计档案销毁清册上签署意见。

(三) 单位档案管理机构负责组织会计档案销毁工作，并与会计管理机构共同派员监销。监销人在会计档案销毁前，应当按照会计档案销毁清册所列内容进行清点核对；在会计档案销毁后，应当在会计档案销毁清册上签名或盖章。

电子会计档案的销毁还应当符合国家有关电子档案的规定，并由单位档案管理机构、会计管理机构和信息系统管理机构共同派员监销。

第十九条 保管期满但未结清的债权债务会计凭证和涉及其他未了事项的会计凭证不得销毁，纸质会计档案应当单独抽出立卷，电子会计档案单独转存，保管到未了事项完结时为止。

单独抽出立卷或转存的会计档案，应当在会计档案鉴定意见书、会计档案销毁清册和会计档案保管清册中列明。

第二十条 单位因撤销、解散、破产或其他原因而终止的，在终止或办理注销登记手续之前形成的会计档案，按照国家档案管理的有关规定处置。

第二十一条 单位分立后原单位存续的，其会计档案应当由分立后的存续方统一保管，其他方可以查阅、复制与其业务相关的会计档案。

单位分立后原单位解散的，其会计档案应当经各方协商后由其中一方代管或按照国家档案管理的有关规定处置，各方可以查阅、复制与其业务相关的会计档案。

单位分立中未结清的会计事项所涉及的会计凭证，应当单独抽出由业务相关方保存，并按照规定办理交接手续。

单位因业务移交其他单位办理所涉及的会计档案，应当由原单位保管，承接业务单位可以查阅、复制与其业务相关的会计档案。对其中未结清的会计事项所涉及的会计凭证，应当单独抽出由承接业务单位保存，并按照规定办理交接手续。

第二十二条　单位合并后原各单位解散或者一方存续其他方解散的，原各单位的会计档案应当由合并后的单位统一保管。单位合并后原各单位仍存续的，其会计档案仍应当由原各单位保管。

第二十三条　建设单位在项目建设期间形成的会计档案，需要移交给建设项目接受单位的，应当在办理竣工财务决算后及时移交，并按照规定办理交接手续。

第二十四条　单位之间交接会计档案时，交接双方应当办理会计档案交接手续。

移交会计档案的单位，应当编制会计档案移交清册，列明应当移交的会计档案名称、卷号、册数、起止年度、档案编号、应保管期限和已保管期限等内容。

交接会计档案时，交接双方应当按照会计档案移交清册所列内容逐项交接，并由交接双方的单位有关负责人负责监督。交接完毕后，交接双方经办人和监督人应当在会计档案移交清册上签名或盖章。

电子会计档案应当与其元数据一并移交，特殊格式的电子会计档案应当与其读取平台一并移交。档案接受单位应当对保存电子会计档案的载体及其技术环境进行检验，确保所接收电子会计档案的准确、完整、可用和安全。

第二十五条　单位的会计档案及其复制件需要携带、寄运或者传输至境外的，应当按照国家有关规定执行。

第二十六条　单位委托中介机构代理记账的，应当在签订的书面委托合同中，明确会计档案的管理要求及相应责任。

第二十七条　违反本办法规定的单位和个人，由县级以上人民政府财政部门、档案行政管理部门依据《中华人民共和国会计法》《中华人民共和国档案法》等法律法规处理处罚。

第二十八条　预算、计划、制度等文件材料，应当执行文书档案管理规定，不适用本办法。

第二十九条　不具备设立档案机构或配备档案工作人员条件的单位和依法建账的个体工商户，其会计档案的收集、整理、保管、利用和鉴定销毁等参照本办法执行。

第三十条　各省、自治区、直辖市、计划单列市人民政府财政部门、档案行政管理部门，新疆生产建设兵团财务局、档案局，国务院各业务主管部门，中国人民解放军总后勤部，可以根据本办法制定具体实施办法。

第三十一条　本办法由财政部、国家档案局负责解释，自2016年1月1日起施行。1998年8月21日财政部、国家档案局发布的《会计档案管理办法》(财会字〔1998〕32号)同时废止。

附表：1. 企业和其他组织会计档案保管期限表

2. 财政总预算、行政单位、事业单位和税收会计档案保管期限表

附表1 企业和其他组织会计档案保管期限表

序号	档案名称	保管期限	备注
一	会计凭证		
1	原始凭证	30年	
2	记账凭证	30年	
二	会计账簿		
3	总账	30年	
4	明细账	30年	
5	日记账	30年	
6	固定资产卡片		固定资产报废清理后保管5年
7	其他辅助性账簿	30年	
三	财务会计报告		
8	月度、季度、半年度财务会计报告	10年	
9	年度财务会计报告	永久	
四	其他会计资料		
10	银行存款余额调节表	10年	
11	银行对账单	10年	
12	纳税申报表	10年	
13	会计档案移交清册	30年	
14	会计档案保管清册	永久	
15	会计档案销毁清册	永久	
16	会计档案鉴定意见书	永久	

附表2 财政总预算、行政单位、事业单位和税收会计档案保管期限表

序号	档案名称	保管期限			备注
		财政总预算	行政单位事业单位	税收会计	
一	会计凭证				
1	国家金库编送的各种报表及缴库退库凭证	10年		10年	
2	各收入机关编送的报表	10年			
3	行政单位和事业单位的各种会计凭证		30年		包括：原始凭证、记账凭证和传票汇总表
4	财政总预算拨款凭证和其他会计凭证	30年			包括：拨款凭证和其他会计凭证
二	会计账簿				
5	日记账		30年	30年	
6	总账	30年	30年	30年	
7	税收日记账(总账)			30年	
8	明细分类、分户账或登记簿	30年	30年	30年	
9	行政单位和事业单位固定资产卡片				固定资产报废清理后保管5年

(续表)

序号	档案名称	保管期限			备注
		财政总预算	行政单位事业单位	税收会计	
三	财务会计报告				
10	政府综合财务报告	永久			下级财政、本级部门和单位报送的保管2年
11	部门财务报告		永久		所属单位报送的保管2年
12	财政总决算	永久			下级财政、本级部门和单位报送的保管2年
13	部门决算		永久		所属单位报送的保管2年
14	税收年报(决算)			永久	
15	国家金库年报(决算)	10年			
16	基本建设拨、贷款年报(决算)	10年			
17	行政单位和事业单位会计月、季度报表		10年		所属单位报送的保管2年
18	税收会计报表			10年	所属税务机关报送的保管2年
四	其他会计资料				
19	银行存款余额调节表	10年	10年		
20	银行对账单	10年	10年	10年	
21	会计档案移交清册	30年	30年	30年	
22	会计档案保管清册	永久	永久	永久	
23	会计档案销毁清册	永久	永久	永久	
24	会计档案鉴定意见书	永久	永久	永久	

注：税务机关的税务经费会计档案保管期限，按行政单位会计档案保管期限规定办理

参考文献

[1] 辽宁省地方税务局网站. http://www.lnsds.gov.cn.

[2] 中华人民共和国财政部国家档案局令第79号——会计档案管理办法.

[3] 王晓辉. 会计基本技能教程[M]. 北京：北京理工大学出版社，2015：72-98.

[4] 孙义，孙波，孙胜儒. 会计信息化综合模拟实训[M]. 北京：高等教育出版社，2014：102-119.

[5] 李凤云，张华. 会计综合模拟实训[M]. 2版. 北京：经济科学出版社，2016：44-61.

[6] 郑艳秋，向显湖. 财务报表编制与分析[M]. 北京：清华大学出版社，2013：33-57.

[7] 刘梅. 财务报表编制与分析[M]. 北京：科学出版社，2015：87-98.

[8] 廖震峡，万志前. 注册会计师职业道德与法律责任[M]. 大连：大连理工大学出版社，2011：101-120.

[9] 金荣安. 加强我国企业会计职业道德建设的思考[J]. 财经问题研究，2016(6)：62-65.

[10] 张雪梅. 我国企业会计准则的几个问题研究[J]. 现代经济信息，2015(18)：229.

[11] 程平，崔纳牟倩. 大数据时代基于财务共享模式的电子会计档案管理[J]. 商业会计，2016(7)：127-129.

[12] 赵琳. 加强会计档案管理，提高会计信息质量[J]. 现代商业，2013(05)：243.

[13] 曹越，姜丽平，张肖飞，伍中信. 地方政府政绩诉求、政府控制与国有企业税负[J]. 审计与经济研究，2015(8)：103-112.

[14] 付伟胜，孙宜强，王建忠. 新企业所得税纳税申报表房企填写示例[J]. 注册税务师，2015(2)：40-43.

[15] 辛连珠. 新企业所得税年度纳税申报表主表逻辑结构分析[J]. 中国税务，2015(01)：51-55.

[16] 高智林. 会计准则、会计工作标准与内部控制[J]. 会计之友，2014(26)：46-48.

[17] 李雪平. 论会计工作的法律责任[J]. 商场现代化，2014(24)：177-178.

[18] 徐运梅. 浅析我国会计工作法律责任及其防范[J]. 财经界：学术版，2014(07)：199.

[19] 赵燕，唐依. 会计法律责任制度及其完善[J]. 财会通讯，2014(22)：16-17.

[20] 汤健. 会计综合实验教程[M]. 2版. 北京：中国人民大学出版社，2012：56-58.

[21] 刘敏坤，郑怀颖. 企业会计综合实验教程[M]. 大连：东北财经大学出版社，2012：72-73.

[22] 贾守华，李爱华. 中级财务会计[M]. 大连：东北财经大学出版社，2012：220-221.

[23] 王新玲，刘丽，彭飞. 用友ERP财务管理系统实验教程[M]. 北京：清华大学出版社，2012：117-118.